零售业晨会技术

余杰奇　黄东丹　徐斐◎著

企业管理出版社
ENTERPRISE MANAGEMENT PUBLISHING HOUSE

图书在版编目（CIP）数据

零售业晨会技术 / 余杰奇，黄东丹，徐斐著. -- 北京：企业管理出版社，2016.12

ISBN 978-7-5164-1304-3

Ⅰ. ①零… Ⅱ. ①余… ②黄… ③徐… Ⅲ. ①零售业—商业管理 Ⅳ. ① F713.32

中国版本图书馆 CIP 数据核字 (2016) 第 158709 号

书　　名： 零售业晨会技术

作　　者： 余杰奇　黄东丹　徐　斐

责任编辑： 宋可力

书　　号： ISBN 978-7-5164-1304-3

出版发行： 企业管理出版社

地　　址： 北京市海淀区紫竹院南路17号　**邮编：** 100048

网　　址： http://www.emph.cn

电　　话： 编辑部（010）68416775　总编室（010）68701719

发行部（010）68701816

电子信箱： qygl002@sina.com

印　　刷： 中煤（北京）印务有限公司

经　　销： 新华书店

规　　格： 710mm × 1000mm　1/16　8印张　125千字

版　　次： 2016年12月第1版　2016年12月第1次印刷

定　　价： 39.80元

前言

开好晨会，“打响业绩第一枪”

目前，很多大型零售企业的终端都在实施公司晨会制度，并且成效卓著。为什么他们会坚持此项工作内容呢？原因有三：第一，晨会能够使工作计划、命令传达顺利地进行，促进公司全体员工对工作的理解；第二，晨会时间虽短，但互相交谈可以增进公司内部人员的沟通交流；第三，晨会能使每个人朝气蓬勃地开始一天的工作。此外，晨会最显著的作用就是能让人干劲十足，使每个人行动充满活力，所作所为皆源于既定的目标，以提高生产力，这是公司开晨会最重要的原因。

晨会是释放激情的最佳表现方式。没有激情的人就如燕雀，缺少雄心，难以成就事业；拥有激情的人就充满动力、爆发力和战斗力，而晨会正是释放这三种力量的最佳方式和场所。

晨会是精神胜利法的高度浓缩。美国诗人艾默生说：“自信是成功的第一秘诀。”无论干什么事情，首先要有信心，相信自己的能力，相信自己能成功。一个人事业成就的大小往往与自信心的强弱有直接关系。缺乏自信心常常是因为胆小、怯场、自卑感太重，认为自己先天不足，事事不如别人。因为自己的不自信，有些人让自己的生活和事业都一团糟。那么，如何自信起来呢？自信可由树立坚强意志和培育、磨练良好的行为习惯获得。比如每天早晨大喊“我是最好”或“我一定能成功”，长期运用这种精神胜利法，一切烦恼和挫折感都会大为减轻。

晨会能产生巨大的激励作用，能鼓舞士气，推动业务的增长，甚至激励一个团队、一个组织的前进与成长。但是，晨会是一项需要长期坚持的工作，需要做好一个长期的、系统性的计划，并且在形式上、内容上需要不断创新才能使之富有生命力。可是，如此好的一个管理工具在国内一些零售企业施行的效果却差强人意,这点不得不令人惋惜。原本可以获得良好成效的晨会，只因方法错误，使员工扫兴，招致误解，最后变成无聊的一日之始，既然被认为是一件费事,终将导致被废止的命运。尤其对于许多终端管理者（店长）来说，如何长期有效地开好晨会常常是他们所面对的难题之一。面对这种状况，应如何应对呢？为此，我们撰写了这本如何开晨会的书，全面介绍了终端卖场晨会的流程、晨会前的准备、晨会的设计内容、晨会主题、晨会评估等来帮助终端卖场的管理者开好晨会，“打响”每日工作的“第一枪”。

目 录

第一章

认识卖场中的晨会

导读

定义晨会
晨会运作带来的意义
晨会中容易出现的问题
晨会常见的组织形式
晨会的“四性”、“六声”、“四来”

定义晨会

俗话说，“一年之计在于春，一日之计在于晨”，当新的一天开始之时，做好一天的任务部署是提高工作效率的方法之一。对零售业终端卖场来说，在营业前做好一天的工作部署更是极其重要。因此，晨会——营业前整天的工作部署对终端卖场来说有着十分重大的意义。那么，怎么定义晨会呢？简言之，晨会是以会议为工具发现问题、解决问题、提升绩效的过程，是企业管理中的一个有效工具。具体来讲，晨会是指利用上班前的 5~10 分钟时间，将全体员工集合到一起，互相沟通、交流信息和安排工作的一种管理方式。晨会中要做到人员点到、活动发表，要起到作业指导、生产总结、唤起注意、培训教育、信息交流的作用。

一个好的晨会有利于团队的精神建设，能让员工的精神面貌焕然一新，营造良好的企业文化，培养全员文明礼貌、遵守规定的习惯，起到鼓舞士气、提高工作效率、提升业绩的作用。

在零售业终端店铺，晨会经营的主要目的是配合零售公司阶段性营销工作的主题，推进各项重点工程的顺利进行，并对各项基础培训工作进行不断强化。零售终端应将80%以上的制式培训内容由晨会进行强化，并开发相应的辅助工具，指导、帮助终端卖场管理者提升自我经营能力，进而提升晨会经营质量，提升队伍出勤率、活动率、留存率等各项指标，最终打造一支稳定、高效、专业的销售队伍。

晨会运作带来的意义

在了解晨会的意义前，我们先来看这样一个案例。

物美超市是一家大型的零售卖场。众所周知，物美超市从成立以来就一直坚持开晨会，卖场在每天早上开业前都要开晨会，总部每周一早上要开晨会。在物美，关于晨会怎么开有很具体的规定，比如站凳子、拿喇叭、点人数等要求，就是物美董事长张文中博士很早提出的。

站凳子——是为了让参加晨会的全体员工能看见店长，店长也能看到大家开会的反应，否则，几十人、几百人，一大片，没有效果，是极大的浪费。

拿喇叭——是为了让所有的人都能清楚地听到店长的讲话，确保每一个人了解晨会的内容。

点人数——是保证晨会的出勤率，防止员工缺席，如果有缺勤的话，还要补课。

这三点要求都是细节，体现了物美在晨会组织上的务实、细致。其实，物美不止是形式上有规范，更重要的是对晨会的内容有详细的要求，如进行物美文化的宣导、传达上级的工作部署、报告销售进度、表扬、批评、培训业务技能等，要求店长在前一天晚上准备好内容，填写《晨会准备单》。制度很实也很细，但不等于执行的结果就好，为了确保执行到位，物美有专门的检查，张文中董事长就曾经亲临现场进行检查和指导。

物美一直在坚持晨会制度，并且取得了其他工作不可替代的成果，物美的文化、管理理念、管理制度以及业务流程、业务技能，特别是各项业绩指标的进度跟踪等都是通过晨会宣达到全体员工。所以，物美的成本领先、做实做细、成果论英雄等理念才会深入人心。这不是一时的，而是一个长期的过程，是潜移默化积累的过程。物美能取得今天这样的成绩，晨会功不可没。

由上面的案例我们可以看出，晨会能帮助我们进行生意回顾，制定卖场目标，传达公司的信息，传递新产品的信息，教给我们工具，提升整个卖场的士气，提升终端销售人员的工作技能，而最终来提升卖场的销售业绩。概括来说，开晨会有利于实现经营目标、利于传播企业价值观、让员工产生归属感和向心力、激励员工产生积极心态和建立畅通沟通渠道（见图 1–1）。所以，晨会不但要坚持天天开，而且还要提前做好准备，开好每一次晨会，使晨会真正发挥它的最大作用，提升卖场的销售业绩。

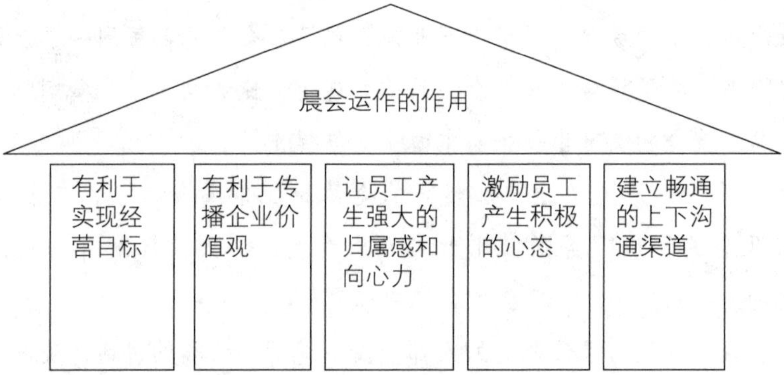

图 1–1　晨会运作的 5 个作用

1. 有利于实现经营目标

对于我们零售终端来说,一天工作的好坏很大程度上取决于晨会的效果。因为在晨会上需要进行生意回顾、制定一天的销售目标、新产品的介绍、服务的跟进、人员分工、促销推广安排等内容，这些内容都是为了达成经营目标而设置。因此，晨会是一天工作的开始，需要高度重视。

2. 有利于传播企业价值观

企业的价值观需要渗透到每个员工的意识里，要达到这样的效果，企业需要一个有效的传播途径，而晨会就是这样一种每天可以对员工进行企业价值观传输的工具。因此,晨会是企业文化理念的脉博,是企业价值理念的“输导系统”。

（1）硬性强化记忆价值观

在晨会上，可以通过让员工背诵企业的价值观，使之在员工的脑海中不断地被强化，让企业价值观深入到员工的潜意识里。

（2）案例分享或活动设置

在晨会中，精心设计一些能体现企业价值观的活动，将理论性的、抽象晦涩的价值观等企业文化语言转化为形象生动、有形可见的行为，在一种或庄严或欢乐或热烈或随和的情境氛围中，让员工自觉或不自觉地接受隐性教育，深化对企业价值理念的认识、理解，进而产生强烈的认同感。

3. 让员工产生强大的归属感和向心力

在参与企业仪式、感受企业文化熏陶的过程中，员工们充当着仪式中不可或缺的一个角色，他们会获得一种心理体验，发现自己的重要性，意识到自己是企业大家庭中的一员，认识到企业的发展有自己的贡献和力量，从而可以增强员工的归属感和自豪感，提高员工的工作热情和对企业的向心力。如日本松下电器拥有 20 万员工,公司分布于国内外,每天早上上班时唱晨歌，背诵“松下精神”，下班前唱晚歌；每位员工每隔一个月至少要在他所属的团体中进行一次 10 分钟的演讲，阐述对公司精神的理解及其承担的社会责任。这些仪式，展示公司的价值观，员工的英雄意识得到有效激发，使命感油然而生，从而使企业文化真正“活”在员工心里。

4. 激励员工产生积极的心态

晨会的另一个重要作用是“振奋当日士气”，让员工产生积极的心态。没有激情的人就如燕雀，缺少雄心，难于成就事业；拥有激情的人则充满动力、爆发力和战斗力，而晨会正是释放这三力的最佳方式和场所。试想，一个在公共场合都不敢绽放自己的感情、推销自己的激情的营销人员，能感染顾客，卖出产品吗？

晨会，精神胜利法的高度浓缩。艾默生说“自信是成功的第一秘诀。”然而，事不如意十有八九，每天有多少苦恼频频侵袭，多少挫折不期降至，自信何来？自信可由树立坚强意志和培育、磨练良好的行为习惯获得，比如每天早晨大喊“我是最好的”、“我一定能成功”，并为此付出行动的精神胜利法。

下面，我们来分享一则小寓言：

这个小故事有两位主人公，一位是成功先生，一位是失败先生。每个人的头脑都是一个“思想制造工厂”，一个非常忙碌的、每日制造无数思想的工厂，这个工厂由两位工头负责。一位称为成功先生，另一位为失败先生。成功先生负责正面思想，生产成功的理由与方法；失败先生负责生产负面的、消极的思想，他是制造失败理由的专家。

成功先生和失败先生都是非常有执行力的，只要给他们一个小信号，就马上采取行动。如果信号是正面的，成功先生就会出来执行命令；反之，负面的信号会使失败先生出来完成任务。

如果想要了解这两位的先生影响，你不妨试一试：告诉自己“今天真倒霉”。看看吧，效果马上出来了：失败先生一接到这个信号，立刻制造出几个事实证明这个想法是对的，例如今天生意冷清、售货量减少、你生病了、你太太心情不好……失败先生非常有效率，一会儿你就会感到今天真的很倒霉，心情一下子变得很糟，什么都不想做了。如果你告诉自己“今天是个好日子”。成功先生接到信号会告诉你“今天是个好日子，天气好，生意好，喜鹊喳喳叫，大家都冲自己笑……”于是，你就会感到今天确实是个好日子，心情一下子变得非常好，干什么都信心十足，特有劲头。同样道理，失败先生想方设法制造出各种理由让你觉得你无法说服顾客购买产品，而成功先生则告诉你可以。失败先生想出很多理由让你不去工作，而成功先生则告诉你好好工作的理由。失败先生对你说:“你什么都干不成，干脆什么都别干了。”而成功先生则说:“去做吧，肯定会成功。”

如果失败先生的工作增加，他就会占据脑部更多的空间。最后，他就霸占了整个思想工厂。可想而知，他所生产出来的思想都将是负面的。所以，最聪明的方法就是开除失败先生，你不需要他，你更不想让他在你旁边说什么。既然他无法帮你达到成功的目的，干脆一脚把他踢开，完全重用成功先生。不论任何信息进入你的脑中，派成功先生去执行任务，他将引你步向成功。很明显，成功先生就是需要保持的积极心态。一个人一旦被失败先生占据了大脑，整个人就变得十分消极，什么事情都做不好;而当成功先生占领高地，整个人就会精神抖擞，信心百倍地工作，甚至超常发挥自己的能力。

晨会就是一个帮助店员赶走失败先生、发挥成功先生积极作用的平台，告诉店员：你永远支持他们，让他们知道不论发生什么事情你都会竭尽所能给予他们援助，通过赞美他们的工作表现，使店员保持良好的精神状态。

5. 建立畅通的上下沟通渠道

晨会的另外一个作用就是建立畅通的沟通渠道。一个组织中上下沟通的顺畅程度取决于沟通渠道是否畅通，而晨会就是我们在卖场中建立起畅通的沟通渠道，让我们能面对面地解决很多问题。

大家对避雷针一定都不陌生，它是在高大建筑物顶端安装一个金属棒，用金属线与埋在地下的一块金属板连接起来，使云层所带的电迅速导入地下，从而使建筑物避免被雷击。对建筑物保护的好坏程度，取决于避雷针将雷电导入地下的良好程度。同样，组织中上下沟通的顺畅程度，取决于沟通渠道是否畅通。而晨会在卖场中的作用就是建立起有效的“避雷”机制，解决相应的问题，从而提升卖场的业绩。

晨会中容易出现的问题

晨会对于提升销售业绩、提升促销热情、保持团队活力有很强大的正面作用，但是，在操作晨会的过程中，很多终端卖场、店铺都因为技巧的问题而流于形式，出现形式主义，反而给大家的工作带来不良影响。比如没有计划性，遇到问题无法变通，解决问题时没有针对性，等等。表 1–1 罗列了在晨会中容易出现的问题，这也提醒晨会的组织者应做好晨会的准备，凡事有计划方可事半功倍。

表 1–1 晨会中容易出现的问题

问题	表现
欠计划性	随意性强，缺乏追踪管理和连贯性，想哪说哪儿，打哪指哪儿。
欠变化性	形式单一，方法单调，思想单纯。
欠针对性	准备仓促，无阶段重点，不能与部门现有问题和公司阶段重点相协调。
欠纪律性	缺乏制度管理，员工出勤率低，会场纪律松散。
欠激励性	缺少职场和环境的氛围营造，主持人纯粹凭感觉进行晨会运作。
欠互动性	有时表现为讲师或主持人的“独角戏”，有时又成为部门经理的“训导会”。
欠趣味性	内容空洞枯燥，话题古老陈旧；讲师照本宣科，员工呆若木鸡。

克服晨会中存在的这些问题，需要晨会主持者提前做好准备，比如做好晨会内容的安排、根据不同的晨会内容设置不同的形式（如是培训式、游戏式还是情景演练式等），除此之外，还要加强互动和确定好晨会的纪律等，以此保证晨会的圆满完成。

晨会常见的组织形式

终端店铺的晨会形式多种多样，常用的有如表 1–2 所示的几种形式。

表 1–2　晨会的四种形式

晨会类型	会议作用
激励型晨会	激励型晨会的目的在于阐明形势、鼓舞士气、振奋精神，调动终端门店员工的工作热情和积极性。
总结型晨会	总结型晨会以总结卖场的经营状况、人员情况为主要目的，重点在于对工作成果的梳理，便于进一步开展工作。
分享型晨会	分享型晨会以员工的经验分享或是同行业其他成功案例分享为主要目的，采用成功同事发言或是主持人分享案例的形式，促进同事间销售技巧的交流，激励同事更好地工作。
辅导型晨会	辅导型晨会属于卖场教练的形式，以店长或督导、培训师等人员辅导卖场员工的各方面技能（销售技巧、服务礼仪等）为主要形式，促进卖场员工岗位技能成长。
头脑风暴型晨会	头脑风暴型晨会是让大家在会议上详细地罗列解决问题的方法从而获得具有创造性的决策。在我们的卖场需要一些新颖的方法来提高卖场的吸引力的时候，可以采用这种方式，比如如何做一个有创意的橱窗，如何进行有吸引力陈列等。

晨会的“四性”、“六声”、“四来”

晨会的“四性”、“六声”、“四来”强调的是晨会的形式与内容，具体内容见表 1–3。

表 1-3　晨会“四性”、“六声”、“四来”

四性、六声与四来	具体内容
四性	四性：理性、感性、知性、鼓舞性。 理性：不可随意，不可打乱流程。 感性：轻松欢快，营造家的氛围。 知性：知识的传承和信息的传递。 鼓舞性：部门间相互鼓舞。
六声	六声：歌声、掌声、激励声、组织声、喜讯声、笑声。 歌声：晨会用歌声激励员工参与。例如，开始唱《向前冲》，结尾晨唱《独一无二》。 掌声：为别人鼓掌，整齐化一，体会身在其中的自豪感。 笑声：检查完日志及仪表互相拥抱并给对方笑脸。 激励声：不断赞美。 组织声：认真、快、坚守承诺。 喜讯声：行政部或其他部门的相关正面通报。
四来	大家都要来。 大家一起来。 大家喜欢来。 大家带人来。

第二章

如何开晨会：晨会的流程

导读

晨会的前期准备
召开晨会的流程及内容
晨会中卖场核心业务的跟进
开好晨会的九大关键

晨会的前期准备

凡事皆有流程，晨会也不例外。晨会的运营流程可分为三大部分：前期准备、召开晨会、晨会跟进。具体流程内容如图 2–1 所示。

在前期准备阶段要准备一套行之有效的晨会运作、管理和跟踪工具，策划并研讨出丰富多彩的晨会形式和内容。在召开晨会的过程中挖掘并培养一批笑星、歌星、舞星、讲星、托星去有效地营造晨会的氛围。会后及时、有效、公平地进行追踪、评比，使晨会的运作更具竞争性、挑战性、实效性。

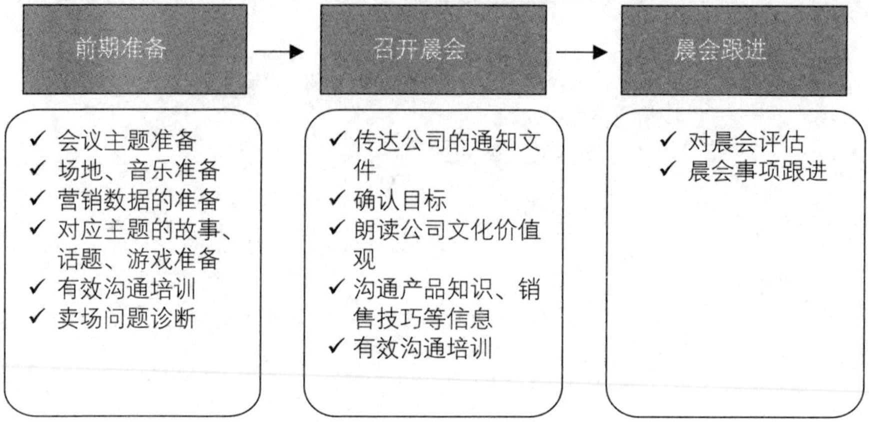

图 2-1　晨会的营运流程图

为什么晨会天天开，却总是达不成预期的目标？为什么你已经具备丰富的卖场操作经验，但你的想法总是落实不下去？为什么别的店有热情高涨的导购，而你的店员却总是提不起激情？作为一名卖场管理者，应该如何组织卖场开好晨会？

有效地组织晨会，是一个卖场管理者必须会做的一门“功课”，同时，也是作为一个管理者必须掌握的“基本功”。有效的晨会不仅会让你的终端销售团队富有效率、充满激情，而且也便于你所要传达的销售方针政策更迅速、更及时地准确传达。晨会开得好坏还直接影响卖场当天的业绩和工作人员的激情。所以说，晨会不只是把大家聚在一起开一个会，而是有目的、有准备、有计划、有落实的一项关键工作，是管理者需要在日常工作中不断历练的一项技术。

晨会前期需要准备的内容包括：会议主题的准备，场地与音乐准备，营销数据准备，现场音乐及影视素材准备，对应主题故事、话题、游戏准备，有效的会前培训沟通。

晨会前的准备：晨会主题行事历

在零售终端，组织者通常需要将一周的晨会主题制定成行事历，在制定行事历时要特别确定日期、主题、主持人、主讲人、基本内容等信息，行事历制作形式如表 2–1 所示。

表 2–1　晨会主题行事历

日期	主题	主持人	主讲人	基本内容	备注
周一					
周二					
周三					
周四					
周五					
周六					
周日					

备注：在制作晨会行事历后，需要特别注意以下几点内容：

（1）晨会行事历必上墙，做到人人了解；

（2）主持人与主讲人不能为同一人；

（3）不要让心态不好的人主持或主讲；

（4）晨会行事历至少提前一周拟定好。

晨会前的准备：场地、音乐

场地准备

晨会场地的选择可根据晨会主题及时间的长短设定。例行性晨会一般在卖场召开；而专题性晨会可根据主题来设定场地，可选择会议室等场地。会议场地千万避免把场地的桌椅布置成教室的样子，横排列是最呆板的，也会让两边的员工很容易走神。最好的桌椅摆法是围绕主讲人摆成半弧形，将所有人视线集中，如果人少（比如四五个人）可摆成圆形。

音乐的选择

晨会中使用的音乐要切合晨会主题的需要。音乐对人的影响很大，我们在开晨会的时候也可以很好地利用这一点，采用不同的音乐来达到我们的目的。清晨是一天的开始，我们马上就要开始一天的繁忙工作，这就需要大家精神饱满地投入到工作中去，这时候可以采用一些振奋人心的音乐来配合晨会主题。

晨会音乐的选择有很多技巧，如果想达到好的晨会效果，首先要提高自己的鉴赏能力，同时多分析音乐的特点，把握音乐的主题，以便选择合适的音乐来契合晨会的主题。如果感觉自己的把握不准，可以向有经验的专家请教或者参考相关的资料。

一定要选择积极向上、有鼓舞激励作用的晨会音乐，隔一段时间就要更换新的音乐。我们列举一部分在晨会中经常使用的音乐作为参考。需要提出的是，特殊主题安排的晨会一定要选择相应的音乐，例如生日主题要选择《祝你生日快乐》。

晨会歌曲备选

《爱让世界更美》、《感恩的心》、《真心英雄》、《从头再来》、《朋友别哭》、《钢铁的心》、《样样红》、《爱的奉献》、《爱拼才会赢》、《朋友》、《步步高》、《相亲相爱一家人》、《我真的很不错》、《沉默是金》……

晨会前的准备：对应主题的故事、话题、游戏

一滴水可以折射出太阳的光辉，一个小故事、话题、小游戏可以映射出生活的哲理，激发一个人的思维和兴趣。相对于繁忙的卖场工作，晨会可以选择一些和主题相匹配的故事、话题、游戏，以更好地发挥晨会的作用。

晨会故事

动人的小故事比枯燥的说教更形象，因此，晨会中引用的故事一定要切合晨会的主题，故事讲述完毕后一定要有总结、点评，以便提升晨会的主题。

晨会故事案例链接：

落井的老驴

一头老驴掉到了一个废弃的老井里，很深，根本爬不上来。主人看它是老驴，懒得去救它了，让它在那里自生自灭。那头驴一开始也放弃了求生的希望，每天还不断地有人往老井里面倒垃圾。按理说，老驴应该很生气，应该天天去抱怨：自己倒霉掉到了老井里，主人不要它，就算死也不让它死得舒服点，每天还有那么多垃圾扔在旁边。可是有一天，老驴决定改变自己的

命运，它每天都把垃圾踩到自己的脚下，从垃圾中找到残羹来维持自己的生命，而不是被垃圾淹没。终于有一天，老驴重新回到了地面上。

故事分析：

掉入老井、濒临死亡的老驴为什么最终能回到地面上？从表面上看是垃圾帮助了它，其实是它自己帮助了自己。因为只有它主动改变自己的态度，它才能很好地利用垃圾，而不是被垃圾所掩埋。垃圾没有变，变的是老驴的心态。从中我们可以得到一个启发：改变自己，首先从改变自己的态度开始。从销售的角度看，这个启发就是：改变自己的工作能力，从改变自己的工作态度开始。

因此，我们需要做到以下几点：

① 凡事尽量做到最好；

② 把工作当成事业去做；

③ 力争将细节做到完美；

④ 遇到缺点就随时改正；

⑤ 以专注的心态做每件事情。

晨会其他故事素材见附件一。

晨会话题

所谓话题，就是谈话的中心、内容、由头。在晨会上，有时候我们需要围绕着某个话题，也就是围绕着所进行谈话的中心、内容、由头来进行晨会。

晨会话题案例链接：

如何让工作变得更有效率：端正工作态度

引出话题：

1960年，美国麻省理工学院教授洛伦兹研究“长期天气预报”问题时，出现了疑难问题：她在计算机上用一组简化数据模拟天气的演变，原本是想利用计算机的高速运算来提高天气预报的准确性。但是，事与愿违，多次计算表明，初始条件的极微小差异，会导致错误的结论。洛伦兹发现了微小差异导致的巨大反差，她用一个形象的比喻来表达这个发现：一只小小的蝴蝶在巴西上空振动翅膀，它扇动起来的小小漩涡与其他气流汇合，可能在一个月后的美国得克萨斯州引起一场风暴。

分析话题:

微小的蝴蝶扇动翅膀最终能引发一场大的风暴,乍听之下是不可思议的,但是,这种事实却是存在的,比如我们经常说的“差之毫厘,谬以千里”就是其中之一。很多时候,正是一点微小的改变,对结果的影响却是巨大的,于是“细节决定成败”的说法便应运而生。那么,在工作当中,什么样的细节能决定我们的成败呢?细想之下,唯有态度有这样的“能力”,即“态度决定成败”。其实,这种现象在我们身边并不少见。两个人同在一个岗位工作,同做一件事情,到最后,一个得到了晋升,而另一个却遭到了辞退。为什么?态度不同,结果也就不同。由此,我们可以得到这样一个启示:公司的员工,如果要想获得一个好的结果,首先就应该端正自己的工作态度,以积极的心态来面对工作。只有态度端正了,工作效率才会高,自己才会有进步的空间,公司才会有发展。

结束话题:

摆正自己的工作态度不仅对自己有利,对公司也是有利的。试想,如果公司的每一个员工都能端正自己的工作态度,以积极的心态来解决问题,那么,公司发展过程中遇到的问题又有什么解决不了的?或许很多人会说,自己仅仅是个打工的,公司的发展与否和自己没有什么关系。其实不然,但凡一个聪明的人都知道“皮之不存,毛将焉附”的道理。如果公司都没有发展前途了,身为其中一员的你还会有发展的可能吗?再回过头来看看那些功成名就之人,哪一个人的工作态度是不端正的呢?生活是一面镜子,你怎么样对它,它就怎么样对你。其实,细细想想,工作又何尝不是这样呢?你敷衍它,它也绝对会敷衍你。

话题启示:

与“蝴蝶效应”相违背的做法:

① 凡事都追求差不多;

② 做事情不注重细节;

③ 对顾客态度恶劣;

④ 把上司的劝告当耳边风;

⑤ 出现错误不及时改正。

晨会游戏

游戏拓展运动主要就是组织卖场员工在一起做经过特殊设置的游戏，通过游戏之后的反思，了解其中的隐含之意，从而提高他们对团队精神的认识，提高个人修养，使他们能够更好地投入到公司的后续发展中去。

在卖场活动中，组织游戏拓展运动可以有效地开拓思路，创新思维，提高管理能力。小小的游戏，只是扮演一个抛砖引玉的角色，可以让每一位店长开阔视野，加强他（她）对货物管理、卖场商品陈列概念、沟通技巧等各方面的能力；给每一位导购全新的思路，努力提高自己的服务技能，包括如何将商品介绍给顾客，有如朋友般的接待，将顾客抱怨降至最低，进而提高商品成交率及成交速度。例如挑战对方游戏，在一定时间内，达成所定目标，则可以获得奖赏，如果挑战失败则有惩罚（由店长定夺）。此游戏适用于班组或个人挑战对方，目的是为了激发潜能和士气，活跃卖场气氛，提高业绩。

游戏拓展运动对员工个人的作用：

① 认识自身潜能，增强自信心，改变自身形象；

② 克服心理惰性，磨练战胜困难的毅力；

③ 调适身心状态，不浮躁，不颓废，更乐观地面对工作与生活的挑战；

④ 启发想象力与创造性，提高解决问题的能力；

⑤ 改善人际关系，学会关心他人，更为融洽地与群体合作。

游戏拓展运动对卖场管理的作用：

① 进一步明确和认同组织目标，增强组织的凝聚力；

② 树立相互配合、互相支持的团队精神和整体意识；

③ 改善人际关系，形成积极向上的组织气氛；

④ 使员工在工作岗位上表现出更强的领导管理才能；

⑤ 使组织面对各种变革与挑战更为从容有序。

晨会游戏案例链接

团队配合游戏：雨点变奏曲

1．游戏目的

（1）活跃气氛，增强团队的注意力。

（2）培养团队的合作性。

2．游戏内容

（1）游戏人数：不限。

（2）游戏时间：5分钟。

（3）游戏场地：会议室或是培训室。

（4）游戏用具：无。

（5）游戏步骤。

① 店员在主持人的指导下完成表现“小雨”、“中雨”、“大雨”和“暴雨”的动作：

“小雨”——手指相互敲击；

“中雨”——两手轮拍大腿；

“大雨”——大力鼓掌；

“暴雨”——跺脚。

② 主持人说：“现在开始下小雨，小雨渐渐变成中雨，中雨变成大雨，大雨变成暴风雨，暴风雨减弱成大雨，大雨变成中雨，又逐渐变成小雨……最后雨过天晴。”

③ 大家随着主持人的话语展示相应的动作。

3．游戏思考

（1）如何使用散乱变成有序？

（2）团体配合度是否足够高？

（3）你与整体声音的契合度有多高？

4．游戏语录

（1）团队人数越多，团队的合作难度越大。

（2）每一个团队成员都要尽快地跟上团队的工作节奏，只有这样，团队才能发挥出战斗力。

晨会前的准备：营销数据准备

晨会看起来似乎很简单，好像不需要准备什么文件资料。但是，你是否想过，不准备任何文件资料晨会能开得真实有效吗？从公司的角度来讲，晨会的目的是鼓励士气、传达公司政策、了解员工思想、总结卖场昨天的经验、明确今天的目标、为达成好业绩做准备。因此，召开晨会前，卖场的经营计划、经营数据、营销目标的准备至关重要。

1. 年度、月度工作重点的确认

首先，我们要清楚卖场每日的工作目标由年度目标分解而来。因此，卖场管理者每日必看卖场的年度计划、月度计划。管理日志首页就应该放置《卖场年度工作计划》、《卖场月度工作计划》，以便随时了解下面这些内容：

① 公司下月工作重心；

② 公司下月将有哪些活动、培训；

③ 公司下月将有哪些促销方案、激励措施；

④ 本部门现有的重点问题。

2. 卖场经营数据准备

晨会中经常用到日报表、周报表、月报表、商品周转上市计划等报表。开月会会用到月报表，开周会要用周报表，晨会要用日报表。想向同事清楚地分析销售情况，就一定要借助这些表格才行，没有这些报表，就没有了说话的依据，安排的工作、设置的目标都是盲目的。下面这些数据是必须要提前准备的。

① 清楚昨天的销售情况、生意额（参考每日销售日报表）；

② 如有新的活动，把重要事项列出，然后夹在记录本里待用；

③ 安排员工提前准备资料；

④ 关于顾客服务方面做得好与不足的地方；

⑤ 关于货品、货场陈列需要跟进的事项；

⑥ 当天需跟进的事项（价格牌、合格证、维修）。

下面我们简单地介绍几个表格。

第一个是《卖场销售日报表》。《卖场销售日报表》用于记录卖场每日的销售情况，是每日销售活动的第一手资料，各营业店当天销售的情况都显示在该记录中，这样有助于公司准确地分析影响销售的原因。

销售日报表要求当日填写，包含的元素如下：

① 单品销售信息：商品名称、商（产）品编号、商品数量、颜色、价格、折扣、实绩、陈列区域等。

② 销售状况：当日销售信息、目标达成率、当周累计信息、去年同期比、去年同期累计。

③ 来客状况分析：光顾人数、购物人数。

④ 竞品信息：品牌名称、上市新产品、销售额、去年同期比。

⑤ 库存信息：昨日库存、今日调入、今日调出、退货。

⑥ 个人目标完成情况：卖场中每个销售人员的目标及达成情况。

⑦ 其他补充信息：例如当日发生的突发事件、顾客投诉处理等信息。

分析日报表的目的：

① 终端卖场个人销售跟踪表；

② 日各主要卖场的销售表现及产品类别销售结构分析；

③ 价格带、连单率、平效、人效；

④ 与去年同期销售进行比较；

⑤ 竞品的同日销售状况。

《卖场销售日报表》实例如表 2–2 所示。

在这张《卖场销售日报表》中，完整地将卖场当日销售的单品销售情况（款式、色彩、价格、数量等）、销售状况（销售数量、预算、实绩、达成率、销售原价）、来客状况、竞争品牌状况、库存状况，以及总量的进、销、存记录下来。对于卖场管理者，面对这张表首先应关注该卖场今日的进、销、存总量是否符合正常状态，库存的货量偏多还是偏少；然后，关注今日销售的金额是上升还是下降，与同期数据对比并结合天气状况是否正常，如果不正常（无论是销售减少或者销售增加）分析具体原因。今日销售的件数是多少，结合销售金额，分析其销售的平均单价，属于低、高还是中等价位线，分析原因。再分析具体销售的明细，如畅销的款式、畅销的颜色、集中销售的码型以及对应的卖场库存，根据销售趋势，确定畅销款的补货情况，以便做到对卖场的销售状况清晰明了，并有效补充货源，进一步提升卖场的销售。当你对这些了然于心，才可以拿着它来使我们的导购清晰目标或者重点。

卖场晨会一般是确认当日卖场事项为主，因此，《卖场销售日报表》是会前用到的主要销售资料，除此之外，晨会中还经常用到的报表有：《卖场销售周报表》、《卖场销售月报表》、《货品调拨单》、《收货差异单》、《畅滞销报告》、《卖场每日库存数量进出表》、《VIP 申请表》、《店长一周工作报告》等。概括来说，在这些表中体现的常用数据为：总销售额、同比、环比、分类货品销售总额、平效、畅销、滞销、客流量、客单价、人效、竞品分析。

晨会前的准备：卖场诊断表

卖场应该将每日营业前需要检查的事项固定下来，列成表格，这样有助于管理者全面检查工作事项，不致遗漏，将检查发现问题的事项拿到晨会中进行解决。现将某服装卖场营业前卖场诊断表列出，以作参考，如表 2–3 所示。

表 2-2 卖场销售日报表

单品销售分析									
No.	产品种类	商品编号	颜色	数量	零售价格	原价合计	折扣	实绩合计	陈列区域
1	A 商品	MY1006	R357	1	¥1,160	¥1,160	90%	¥1,044	VP
2	B 商品	KZ1107	B220	1	¥780	¥780	90%	¥702	PP1
3	C 商品	KZ1103	Y800	2	¥760	¥1,520	100%	¥1,520	VP
4	D 商品	JK7106	B220	1	¥1,480	¥1,480	100%	¥1,480	VP
5	E 商品	MY1009	Y660	1	¥980	¥980	90%	¥882	PP1
6	F 商品	RY3205	R357	1	¥580	¥580	100%	¥580	PP2
7	G 商品	MZ5108	B220	2	¥160	¥320	90%	¥288	IP2
8	H 商品	ZY1007	R357	−1	¥1,180	¥−1,180	90%	¥−1,062	
9	I 商品	ZY1007	R357	1	¥1,180	¥1,180	90%	¥1,062	PP2
10	J 商品	MJ3303	B100	1	¥660	¥660	90%	¥594	IP1
11	K 商品	MY1006	W100	1	¥1,160	¥1,160	90%	¥1,044	VP
12	L 商品	JK7105	B100	1	¥1,380	¥1,380	100%	¥1,380	PP1
13	M 商品	KM1103	B220	1	¥760	¥760	90%	¥684	VP
14	N 商品	MY1006	W100	2	¥1,160	¥2,320	90%	¥2,088	VP
15	O 商品	MY1007	B220	1	¥1,180	¥1,180	100%	¥1,180	PP3
16	P 商品	JK7106	B100	2	¥1,480	¥2,960	100%	¥2,960	VP
17	Q 商品	JK7106	R210	0	0	0	0	0	0
18	R 商品	JK7105	H450	0	0	0	0	0	0
	合计			18	¥16，040	¥17，240		¥16，426	
店长当日工作总结：									

备注
银卡
银卡
—
—
银卡
—
银卡
质量问题
银卡
银卡
银卡
—
银卡
银卡
—
—
0
0

销售状况

	当日	当周累计	去年当日	去年当周同期累计
数量	18	165	16	￥150
预算	￥18,000	￥126,000	￥16,500	￥115,500
实绩	￥16,426	￥135,800	￥15,500	￥118,660
达成率	91%	108%	94%	103%
销售原价	￥17,240	￥141,680	￥16,060	￥122,460

来客状况

	当日	当周累计	去年当日	去年当周同期累计
男客	28	212	25	180
女客	36	280	30	210
合计	64	492	55	390
购物人数	16	108	16	105

竞争品牌

品牌名称	当日新品	当日销售额	当周累计	去年当日	去年当周同期累计
A	2款	￥10,800		￥11,680	￥90,060
B	0	￥16,600		￥12,580	￥112,800
C	0	￥14,800	￥114,680	￥14,560	￥113,680
D	3款	￥11,860	￥110,860	￥12,380	￥109,760

库存状况

	昨日库存	当日调入	当日调出	当日退货	当日销售	当日库存
件　数	988	25		1	-19	
原价金额	￥848,600	￥21,060		￥1,180	￥18,420	

其他重要事情记录

表 2-3　终端卖场晨会前诊断表

<table>
<tr><td colspan="6">执行日期：　年　　月　　日</td></tr>
<tr><td colspan="6">项目名称：
品牌名称：
执行区域：
卖场名称：
卖场地址：</td></tr>
<tr><td colspan="2">晨会前诊断内容</td><td>完成√
未完成 ×</td><td>问题</td><td>解决方案</td><td>效果跟踪</td></tr>
<tr><td>1</td><td>开门、开灯、开音乐，电脑是否进入收银系统状态，卖场人员精神状态是否激情，微笑赞美是否到位，是否进入销售系统状态。</td><td></td><td></td><td></td><td></td></tr>
<tr><td>2</td><td>人员到岗情况。</td><td></td><td></td><td></td><td></td></tr>
<tr><td>3</td><td>卖场卫生是否准备到位。</td><td></td><td></td><td></td><td></td></tr>
<tr><td>4</td><td>昨日是否有未尽事宜。</td><td></td><td></td><td></td><td></td></tr>
<tr><td>5</td><td>若有促销，促销物资是否到位。</td><td></td><td></td><td></td><td></td></tr>
<tr><td>6</td><td>销售小票是否按顺序叠放，核查小票单数是否等同实际销售单数，检查刷卡金额是否等同 POS 总金额。</td><td></td><td></td><td></td><td></td></tr>
<tr><td>7</td><td>是否在第一张小票上面备注当日日期、销售总额、总件数、刷卡总额、现金总额、购物券总额等。</td><td></td><td></td><td></td><td></td></tr>
<tr><td>8</td><td>通过系统得知当日销售总额及吊牌总金额，再计算当日平均销售折扣率。</td><td></td><td></td><td></td><td></td></tr>
<tr><td>9</td><td>当日销售目标、实际达成率、楼层目标（男、女装目标）及达成率、个人目标及达成率、时段目标及达成协议率。</td><td></td><td></td><td></td><td></td></tr>
<tr><td>10</td><td>区域产出及贡献比。</td><td></td><td></td><td></td><td></td></tr>
<tr><td>11</td><td>货品类比产出及占比、系列产出及占比、新款及橱窗模特销售产出及占比。</td><td></td><td></td><td></td><td></td></tr>
<tr><td>12</td><td>VIP 当日拓展及当月累计数量及管理服务体系（如生日服务）。</td><td></td><td></td><td></td><td></td></tr>
<tr><td colspan="6">晨会诊断总结：</td></tr>
</table>

晨会前的准备：参会者的会议目标

除了主持人和卖场的管理者要准备大量的资料，参会的店员也应做好相应的准备，参会者应该准备以下的内容：

① 清楚自己昨天的销售情况；

② 总结今天需要协助的事项；

③ 设定个人销售目标；

④ 准备好学习新的商品知识、促销政策以及公司的行政通知等。

参会店员如何设定工作目标？

终端卖场员工参加晨会的同时，应设定三项目标。

第一个目标是“销售的目标金额与计划的执行”。

第二个目标是“提升销售技巧”。

第三个目标是“为人处世的成长目标”。

店员只有在这样内容丰富且有具体目标的销售活动中，才能发现“工作的意义”。例如：

① 今日的销售目标与计划的执行

“今天的销售目标 × × 元，完成 POP 活动计划 ”。

② 提升销售技巧目标

“活用二选一法则及 A、B、C 法则 ”。

③ 为人处世成长目标

“保持微笑，多说感谢的话 ”。

召开晨会的流程及内容

一年之际在于春，一日之际在于晨，每天有效地进行 20 分钟左右的晨会，分享团体工作中的快乐，能提升团体的凝聚力，表扬、赞美同事，反省工作中的失误，消除同事之间的误解，分享新知识、好经验，能让大家心情愉悦地开始投入一天的工作。

晨会是一天工作的开始，晨会的气氛和效果直接影响到店员的士气，从而影响到卖场的销售业绩。因此，把晨会开好，能够增强店员的团队精神和工作积极性，有效提升卖场销售业绩。

店长应该跟店员一起养成天天开晨会的习惯。每天开晨会可以及时了解到店员的心态以及店内的一些日常事务，可以让店员之间增强情感和友谊，提高团队凝聚力。销售工作除了工作技巧以外，心态非常重要，店长每天开晨会，可以及时了解店员的一些心态变化。例如，近期某位店员状态不好，是因为家里出了什么事，还是自己身体不好，还是跟其他店员闹矛盾……这些都可以及时去了解并解决。

晨会由店长或店长助理作为会议的主持人，晨会召开应该按照一定的顺序进行，具体顺序如表 2–4 所示。可根据当天的工作重点来设置内容的多少以及顺序，以求达到最佳的效果，不必照本宣科、流于形式。

在晨会中除了要进行业务分析，还要分析店员工作中的优缺点，及时地对店员给予鼓励和指出缺点，不断提升店员的工作积极性。

表 2–4 晨会召开的流程及内容

<table>
<tr><th colspan="2">晨会流程项</th><th>详细内容</th></tr>
<tr><td colspan="2">播放激励歌曲</td><td>根据主题设置的歌曲，例如《壮志在我心》、《超越梦想》、《相亲相爱一家人》等。</td></tr>
<tr><td colspan="2">考勤通报</td><td>出勤及缺勤人数通报、仪容仪表检查。</td></tr>
<tr><td rowspan="7">业务跟进</td><td>生意回顾</td><td>总结昨天的销售工作：销售达标率、卖场销售冠军业绩、VIP开卡和服务总结。</td></tr>
<tr><td>制定目标</td><td>制定卖场目标、同事目标、活动情况（数据分析、对比）。</td></tr>
<tr><td>共识如何完成目标</td><td>对目标进行分解，并初步拟定实现目标的策略。</td></tr>
<tr><td>顾客服务跟进</td><td>服务标准内容、服务方面加强目标、分享成功服务心得。</td></tr>
<tr><td>销售技巧跟进</td><td>①同事提出销售难点，进行一些演练，分享成功销售经验。
②销售话术学习、营销条款学习研讨、同业销售对比以及销售个案研讨。</td></tr>
<tr><td>知识累积学习</td><td>相关的产品知识、陈列知识、货品管理知识学习。</td></tr>
<tr><td>营运</td><td>公司通知、商场消息、防盗措施。</td></tr>
<tr><td colspan="2">今日之星经验分享</td><td>本日之星、本周之星、本月之星的经验分享。
总结昨日工作中的问题、成功案例的分享。</td></tr>
<tr><td colspan="2">激励故事实例讲述</td><td>通过激励故事或是激励话题的讲述，激励员工积极、主动的开展工作。</td></tr>
<tr><td colspan="2">公司基本法学习</td><td>熟悉公司的基本制度，学习公司的文化价值体系。</td></tr>
<tr><td colspan="2">轻松一刻</td><td>活动：在会议中穿插的活动，比如生日会、游戏、聚餐等轻松的活动。
游戏：可根据卖场销售情况或推广活动设置月、旬、周游戏，每天或时段的小游戏。</td></tr>
<tr><td colspan="2">其他</td><td>商场排名、更表变动 、其他卖场消息、天气情况、关心同事等。</td></tr>
</table>

赞赏点：仪容仪表、业绩表现、游戏成绩、服务事例、同事建议。

挑战点：工作不足之处、销售时遇到的问题及解答、突发事件、与同行对比。

会议规定：

① 区域销售经理应在每周晨会讲解、示范晨会流程，再让每位店长进行练习，每位店长练习后，区域销售经理及其他店长给予意见（赞赏点及挑战点）；

② 区域销售经理应在晨会后一周到卖场跟进实行情况及给予指导；

③ 晨会必须每天至少进行一次，卖场会议正常应为晨会和夕会两次（早、晚班）；

④ 组长以上职级应学习组织、编写、主持每日晨会；

⑤ 晨会内容必须在营业前完成，昨日晚班可先编写部分内容；

⑥ 中班未能开晨会时，上班前先阅读内容；

⑦ 休息的员工，当天内容次日及时阅读；

⑧ 签名确认。

晨会中卖场核心业务的跟进

业务跟进是晨会中的核心重点内容，其他的各部分都是为丰富晨会形式而设定的，而业务跟进则是卖场经营负责的部分，直接关系到年度的营业目标是否能够完成。因此，本部分内容为晨会内容的重中之重。

业绩回顾

业绩回顾的目的是为了了解昨天的销售完成情况、人员状态、活动的执行状况，对货品销售进行分析，找出执行好的方面继续保持，针对执行不好的因素以及未完成的事项进行分析，这样有助于终端人员把握新的一天的努力方向。

1. 销售额未完成分析

比如昨天卖场的销售目标是 3 万元，今天卖场的销售目标是 1 万元，但是，昨天的营业额只做到了一万五千元。因此，我们就需要针对昨天未完成销售目标的原因进行分析，通过分析得出未完成销售目标的原因有可能是人手的安排不足或是促销力度不够，或是员工消极、积极性欠缺，或是因为天气原因导致了当天顾客较少，又或是我们货品陈列出了问题。如果不告诉同事没有完成目标的原因，同事就会有“目标定得太高了”的感受，这十分不利于我们工作的开展。

2. 销售额超标分析

超额完成销售目标是激励人心的，更需要做出分析以激励人心。比如昨天卖场的销售目标是 3 万元，今天卖场的销售目标也是 3 万元，但是，昨天的营业额却做了三万五千元。因此，我们就需要针对昨天销售目标超额的原因进行分析，通过分析得出超额完成销售目标的原因有可能是某个员工的连带销售做得好，或是 VIP 顾客的开发服务做得好，也有可能是促销的力度大等。此时，要对员工主动提升销售服务的部分做出表扬，以激励员工再接再厉。

进行销售回顾时，最好请同事来帮忙回答，这样有助于同事自觉地关注销售业绩。

制定目标：每日、时段、人员销售目标

分析了昨天的业绩状况,就需要参照总目标来制定或是调整当天的目标。

制定卖场的每日目标需要将卖场年度目标进行分解，就是将总体目标在纵向、横向或时序上分解到各层次、各部门以至具体人，形成目标体系的过程。目标分解是明确目标责任的前提，是使总体目标得以实现的基础。在卖场中，年度的营业指标预测完成后，后面的工作就是将指标分解到每季、每月、每日，再分解、落实到每一个人。

1. 日销售指标分解

零售终端卖场的每日销售指标虽然在每月的月初已经制定完成，但是，卖场的管理者也要根据淡旺季或是当下卖场状况来适当地调整每日的指标，以更大限度地完成每日销售。

卖场的销售有时也是靠天过日子，例如，雨天、雪天、风天和普通天气

的销售情况不一样，节假日和普通日子的销售业绩也大不一样。既然不同的天气、节日对销售的影响不一样，那么，在目标分解时参数就不能一样。这里就涉及一个指标，即销售日指标。下面我们来看每个月的销售日指标是如何计算的。

以每月 30 天计算，则每月有 8 个 (节假日) 休息日，销售目标预计可达到平时的 1.5~2 倍。平均每月五个雨天，预计销售只有平时的 0.5~0.8 倍。正常销售日为 30–8–5=17 天。

节日指标如“三八”、“五一”、“六一”、“十一”、元旦、春节等重要节假日，预计可达到平时 2~4 倍的销售。

则正常销售日指标 = 当月总指标 ÷(8 天 ×2 倍 +0.5 倍 ×5 天 +17 天)

= 当月总指标 ÷35.5 个销售日。

周六、日指标 = 销售日指标 ×2。

雨天指标 = 正常销售日指标 ×0.5。

节日指标 = 正常销售日指标 ×4 。

2. 每时段的目标分解

确认了卖场每日的销售指标后，还要进行每日时段销售目标的分解。根据对以往销售数据的分析，每日的销售可分为四个阶段。

第一时段是开门到 15 点；

第二时段是从 15 点到 17 点；

第三时段是从 18 点到 21 点；

第四时段是 21 点后（如果是 18 点、19 点关门，那么，划分就可以是 3 个时段）。

参考本卖场过往时段的销售额记录，定出每个时段的营业额，比如第一个时段占总销售额的 20%，第二时段占总销售额的 30%，第三时段占总销售额的 40%，第四时段占总销售额的 10%。在确定此目标时一定要仔细分析数据，得出科学的比例，切忌盲目拍板。

上午的时间之所以占比比较低，是因为上午有很大的时间是淡场，到了中午以后客流量才会慢慢增加，所以，第二时段的销售目标相对定得高一点。晚上吃饭的时间段一定是客流量最大的。这是我们卖场在商业区的普遍规律。

产品推介

卖场中如果有新产品上市，在晨会上就要对新产品的信息做一个详细的介绍，培训内容包括产品性能、价格、推销方式等。总结出产品的FAB介绍法则，尤其是对年度主推的新上市货品。

如果我们自己都没有做到全面了解产品，又怎么能够劝说我们的顾客购买这件产品呢？所以，在晨会的时间一定要确保所有的员工都了解我们的产品，掌握相关的知识，知道如何销售。

在对新产品进行介绍的时候，完全可以采取多种多样的方式，让所有人尽可能多地参与到新产品的介绍中来。比如，可以让两个同事配合，采用模拟情景的方法对新产品做一个介绍，这样比店长自己枯燥地背条文要生动、有效得多。

有效的晨会激励方式

晨会前的激励是一个非常好的提升业绩的方式，而肢体动作的运用和大声的呐喊将是最有效的激励方式，具体如下：

1. 肢体运动

游戏和运动是调动大家积极性的最有效的方式。我们会注意到做销售的人员永远都是充满激情的。例如，在培训课现场，我们经常可以看到当鼓舞人心的音乐声响起，全场随之挥动手臂，每个人脸上都会不自觉地洋溢着兴奋的笑容，这就是肢体运动带来的魅力。肢体运动促进了人的血液循环，让大家的头脑更加清晰，心情、状态也就随之调整到最佳。

2. 晨会呐喊

李阳的疯狂英语曾经在全中国掀起了一股李阳英语热潮，所到之处，学员都为之疯狂，不由自主地投入他的英语教学行列，很大一个原因就是因为李阳主张大声地读英语。“把英语读出来，呐喊出来”，对于在学校学了多年哑巴英语的学生来说，如同一次英语革命。这种方式在终端卖场中也适用。我们的晨会不应该在死气沉沉的、一堆枯燥的数字中落幕，年轻的导购们需要的不是这样充满压力的一天的开始。

肢体动作和晨会呐喊的统一配合将会很好地带动工作的气氛，充分调动店员的积极性，使之有一个良好的精神状态面对一天的工作。长时间坚持下去，将会改变人们的精神面貌，建立自信。

事实上，终端店员对每一个顾客的服务过程其实就是一次演讲的过程，肢体动作的训练，就是一个无形中的演讲培训过程，在未来更为专业化的店员培训发展中，肢体动作将会成为映衬店员气质、精神状态一个非常重要的评价标准。更重要的是，这个状态将会感染到你的顾客，从而对销售起到促进作用。那么，我们究竟该做哪些肢体运动？该呐喊哪些内容？如何才能让晨会的呐喊起到很好的效果呢？

晨会呐喊的内容要以激励性短文为主，例如《十道羊皮卷》、《心灵鸡汤》等节选的内容，呐喊内容不易太长，否则，参会人员将会失去激情。下面我们列举一个晨会呐喊的短文，供大家参考。

晨会的呐喊

新的一天开始了，我要让我的每一天都充满快乐。

我非常喜欢我自己！我非常相信我自己！我是最棒的，我是最好的，我对我的一切充满信心！

我该怎么做呢？我要学会赞美，赞美顾客，顾客才会成为我的朋友；我要学会倾听，倾听顾客的谈话，顾客才会对我信赖；我要学会关心，关心周围的人，周围的人才会对我产生信任。我要用全身心的爱来迎接每一天。

我将忘却昨天的一切，是好是坏都随风而去，相信今天是最好的一天。我的嘴角常挂着微笑；我的心情非常舒畅；我的胸膛时刻挺起；我的胆识超越平凡；我的时间重于生命；我的信心高人一等。

从今往后，什么“放弃”、“退缩”、“不可能”、“办不到”、“没办法”、“行不通”、“没希望”……这些愚蠢的字眼将在我的记忆中消除。我坚信，我每向前迈出一步，就是向成功靠近一步，成功会离我越来越近。

我要尝试，尝试，再尝试！

我要挑战，挑战，再挑战！

我要坚持，坚持，再坚持！

成功一定属于我！我一定要成功！

晨会纪要

晨会做记录到底有没有必要？答案当然是肯定的。将晨会中强调的内容记录下来，对于管理者来说，可以随时检查和督进工作；对于员工来说，可以随时提醒自己完成的目标情况。表 2–5 是晨会纪要的模板，供大家参考使用。

表 2–5　卖场每日晨会纪要

<table>
<tr><td colspan="3">时间：　　　年　　月　　日　　星期　　　天气　　　　温度</td></tr>
<tr><td colspan="3">一．昨日的总结</td></tr>
<tr><td>1．目标</td><td colspan="2">2．实际的完成额：其中现金：　　　现金券：
信用卡：</td></tr>
<tr><td colspan="3">3．日目标的达标率：</td></tr>
<tr><td colspan="3">4．目标达成的总体原因分析：</td></tr>
<tr><td colspan="3">5.KPI 的达成：</td></tr>
<tr><td>× 附加值：</td><td colspan="2">目标　　　　/达成　　　　/ 达成率</td></tr>
<tr><td>× 客单价：</td><td colspan="2">目标　　　　/达成　　　　/ 达成率</td></tr>
<tr><td>×VIP 销售占比：</td><td colspan="2">目标　　　　/达成　　　　/ 达成率</td></tr>
<tr><td>× 新增的 VIP 人数：</td><td colspan="2">目标　　　　/达成　　　　/ 达成率</td></tr>
<tr><td rowspan="2">6．昨天个人销售的排名：</td><td colspan="2">最高达成率：　　　导购　　　/目标达成率</td></tr>
<tr><td colspan="2">最低达成率：　　　导购　　　/目标达成率</td></tr>
<tr><td colspan="3">7．昨天卖场营运方面（卖场作业流程及服务标准）做得相对较好的地方：</td></tr>
<tr><td colspan="3">8．昨天卖场营运方面做得相对欠佳，需要进一步改善的地方：</td></tr>
<tr><td colspan="3">9．突发事件的处理：</td></tr>
<tr><td colspan="3">二、今日的计划</td></tr>
<tr><td colspan="2">1．目标：</td><td>2．主要的商品推广内容：</td></tr>
<tr><td colspan="3">3．主要的 VIP 方面的推广：</td></tr>
<tr><td colspan="3">4．卖场营运方面（卖场作业流程 / 服务标准）的重点：</td></tr>
<tr><td colspan="3">5．今天的 KPI 目标：</td></tr>
<tr><td colspan="2">附加值：</td><td>客单价：</td></tr>
<tr><td colspan="2">VIP 销售占比：</td><td>新增的 VIP 人数：</td></tr>
</table>

晨会案例 1：××× 服装品牌终端卖场的晨会模块设置与实施

终端卖场晨会时间（8：30~8：45）；晨会前播放激情音乐，例如《向前冲》、《天使》、《大家一起来》、《不如跳舞》；执行终端卖场晨会体系的八大模块（轮流主持）。

第一模块：总体流程

××× 服装品牌终端卖场的晨会流程如表 2-6 所示。

表 2-6　××× 服装品牌终端卖场的晨会流程

晨会体系八大模块		
模块	内容	模块重点
第一模块	晨会前诊断	开店前一切准备工作的跟进与监控。
第二模块	晨会启动模式	1．播放音乐。 2．限时完成企业文化宣讲。 3．喊出口号带动气势。 4．动作、肢体语言标准。
第三模块	昨日销售回顾	1．抓住针对销售数据的核心重点。 2．提出有效策略。 3．做出整改方案。
第四模块	卖场精彩故事分享	最大单销售者（王牌衣橱顾问）讲解核心销售技巧、攻心话术、成交的关键成功点及核心提升点。
第五模块	目标设置及达成策略	1．当日目标制定并分解。 2．确立时段目标、班次目标、个人目标。 3．目标监控。
第六模块	每日培训	店长或店长助理讲解相关产品知识、服务技巧、销售理念、搭配原则等专业知识。
第七模块	卖场事务通知	到货、新品上市、卫生跟进、推广介绍、新人入职、等店务事宜。
第八模块	激情展示	1．工间操展示（需严格标准化训练）。 2．激励士气、传递激情。

第二模块：启动模式

主持人："各位家人，晨会时间已到，30 秒内集合完毕！向右看齐，向前看！稍息，立正，跨列！"

主持人："各位家人，早上好！好！很好！非常好！"（1 分钟气氛带动）

主持人："我们的三大作风：认真！快！坚守承诺！"

主持人："我们的三大行为准则：勇于承担责任、绝不找借口、永不放弃！"

主持人："现在由我带领大家背诵品牌理念。"

主持人："我们的愿景：打造平价、时尚、优质的品牌。"

主持人："我们的信念：同舟共济、专业专注，力创新高！"

主持人："我们的精神：激情、责任、进取、创造！"

主持人："接下来请各位同事相互检查仪容仪表是否通过？"

主持人："有请执行店长 ×× 回顾昨日销售情况！"

第三模块：昨日销售回顾

店长："各位伙伴早上好！"

"好、很好、非常好！昨日销售情况是……"

第四模块：卖场精彩故事分享

主持人："今日是卖场的荣誉时刻，请出我们卖场昨日王牌衣橱顾问 ×× 分享卖场成功的故事，有请！"（三次掌声）

王牌衣橱顾问："各位伙伴早上好！（回应）好，很好，非常好！昨天我最大单销售……"

第五模块：目标设置及达成策略

主持人："下面我们谈一下目标的设置及达成，掌声有请店长！"

店长："……"

第六模块：每日培训

主持人："接下来，有请 ×× 为我们进行每日培训，掌声有请！"

××："……"

第七模块：卖场事务通知

主持人："有请 ×× 给我们做通知宣讲！"

××："……"

第八模块：激情展示

主持人："今天的心情好极了；今天的沟通棒极了；今天的晨会爽极了！"

全体：晨会风采展示（舞蹈 / 工间操）

主持人："各位伙伴，为了完成我们的目标，我们需要……"

全体："努力！加油！"

终端卖场夕会流程

快速总结当日卖场运营状况（现场响起轻音乐，夕会时间由各店闭店时间来定）。

主持人："夕会开始，30 秒内集合完毕！"

主持人："向右看齐，稍息，立正，跨列！"

主持人："各位伙伴晚上好！"（伙伴回应：好！很好！非常好！）

主持人通报卖场日战果，并宣布当日卖场销售王牌顾问。

主持人通报当日区域销售排名状况情况。

主持人履行当日奖励承诺。

主持人讲了两句结束语。

主持人："今天结果怎么样？——我是纪录的创造者，更是纪录的守护者！"

主持人："明天目标怎么样？——我已做好充分准备！"

主持人交接仪式。

主持人："请明天卖场晨会主持 ×× 出列！"

第二天的主持人："明天由我担任卖场晨会主持人，各位伙伴是否支持？"

全体："支持！"

第二天的主持人三击掌，散会。

晨会案例 2：某卖场晨会的全过程

时间：星期一

1. "早上好，各位同事，今天有六位同事上班，我们先点名：吴强、张明、刘晓、韩磊、刘继超、孙海，大家都到齐了，很好！下面检查一下大家的仪容，你们可以看看自己的工服穿好没有。刘晓、韩磊放了两日假，看上去精神不错。"

2. "昨天我们的销售额是 22000 元，业绩比前一天提高了，昨天的情况怎样？张明讲一下。"

张明："昨天是第二期推广活动的第一天，而且，减价促销的第一天又是星期天，所以，客流较多。不错，昨天能够做到这个生意额，全靠每一位同事的齐心合作，像刘继超那样，他做仓库员，跑上跑下帮同事拿货，我们给昨天的同事一点掌声。”

3.“今日我们订的目标是多少呀？”

把今天的目标写下，包括全店和个人。

4.“我刚刚收到公司培训部的通知，以后凡是更换工作服都是穿××，如果要更换的女同事可以事先试试尺寸，通常要预定大一个码。”

5.“由于昨天的生意比较旺，货场比较乱，营业后各区位同事应快速回到自己区位，检查价格牌、合格证是否齐全，然后由一个人专门负责跟价格牌、合格证，有谁自愿去做呀？”

6.“今日和大家复习本月测试的内容。小常识：几种衣物的洗涤方法……以上答案由每人轮流讲。”

7.总结：“今日我们的目标是两万元，大家有没有信心？好，谢谢大家，现在开店！”

开好晨会的九大关键

如何客观评价一个晨会开得成功与否？可以参照晨会的九个关键指标分析，分别是晨会的具体性、学习性、量度性、激励性、达致性、投入感、相关性、参与性、跟进性，如表 2–7 所示。

表 2–7　晨会的九大关键

具体性	数据具体、目标具体、方法具体、行动具体、回顾具体。
达致性	目标达致、方法达致、运作模式达致。
量度性	晨会的量度性包括时间的量度和内容的量度。
相关性	主题、服务、货品、技巧、班次。
跟进性	观察现场以便收集到第一手信息。 对于收集到的信息给予总结 、评估。 对于总结出的经验或是评估出的结果给予回馈。
参与性	引导、聆听、有效发问、给予总结和深入。
投入感	参与晨会人员要精神饱满、表情自然，主持人要有感染力，大家要有正面心态。
激励性	利用激励技术，鼓励员工冲刺目标，实现业绩。
学习性	发挥标杆的力量，店长作为卖场的核心，其一言一行将影响导购的工作心态。店长在做，导购在看，导购以店长为学习榜样。店长看到导购身上所存在的问题，也是他自己的缩影。

具体性

关于晨会的具体性的要求，主要表现在以下五个方面。

1. 数据具体

布置任何工作任务不能模棱两可，数字要具体。最好不要说下面这些话：

① 今天我们要完成的比昨天更高；

② 今天没有完成目标任务；

③ 在服务上，你应该努力改进。

正确的做法：

① 当你发现卖场的任务目标没有达成，你需要告诉员工目标任务是多少，我们做了多少，还差多少。数据的具体性可以让你的话语更有说服力。

② 当你告诉员工服务需要改进的时候，举例说明，你需要明确地指出：如今天你一次都没有对顾客微笑。再如，在询问顾客方面，你只问了一名顾客，而且是在大家的提醒下完成的。

③ 当你说到A款、B款是近期最好卖的商品的时候，你需要告知员工，这两款商品在上周的具体销量是多少，在本季销售产品中的具体排名，用具体的数据加强员工认同主推款和销售主推款的信心。

2. 目标具体

目标的具体性是：要求让每一个员工了解通过什么样的方法具体分解目标和完成目标。比如，A员工今天要完成2500元的服装销售目标任务，那么，我们就需要让员工明确今天需要出售至少两件主推款服装，或卖一件2000元的上衣配搭一条500元的下装来完成，或者完成两张VIP卡销售来达成目标。

3. 方法具体

方法具体，即实现目标的方法要具体。例如，下面的案例就是提高连单率的具体方法：

“最近受天气的影响，生意比较冷清，进店的客人比较少，我们应该尽量提高连单，同时做更多的VIP顾客的生意来提升业绩。那么，如何提高连单呢？我们是不是可以通过没有客人的时候大家都来试穿衣服，自己模拟顾客，演练销售过程，以使自己更多地熟悉衣服的特性、搭配和销售技巧？至于增加我们的VIP顾客的销售，我们是不是可以从今天开始每人每天打10个VIP顾客的电话，告知我们到了新款，邀约他们前来购物？”

4. 销售点评具体

销售点评具体是指对每个人的销售业绩完成情况进行点评时，点评信息要准确，不能含糊其辞地说哪位同事的表现好、哪位同事的表现差。

5. 回顾具体

回顾工作主要是总结，回顾的具体性表现在针对当天的目标，把做到的、没有做到的、谁做到了、谁没有做到，都做一个总结。回顾越具体越能让员工了解你关注着他们的表现，他们就会越努力地去实现你制定的目标。例如，“今天订了主推款的目标，完成的情况是A推了2件，B推了1件，C没有推出。A针对每一位顾客都拿出主推款鼓励试穿，而C基本没有向顾客推荐。今天我们提倡的是赞美顾客，寻找顾客的亮点，这一点B做得很好，B对每一位顾客都进行了合适的赞美，并且成功销售了3张VIP卡。”

当我们的表达内容里有了具体的目标、数据分析、实施方法、行动跟进和回顾总结时，相信我们的业绩目标就成为一个看得到、触得到、达得成的具体目标，管理者对于卖场业绩的把控也心里有谱了。

量度性

晨会的量度性包括时间的量度和内容的量度。

1. 时间的量度

开晨会要明确开会的时间，是半小时的晨会还是 1 小时的晨会，还是 5 分钟的检讨会？

2. 内容的量度

根据晨会的结构，规划每一个板块的内容比重，对销售目标、服务、运作中的重点板块做重点表述。

达致性

目标一致，才能行动一致。晨会的达致性表现在晨会的目标、方法和运作等需要获得每一个员工的认可，达致性还表现在员工目标和总业绩目标的一致，目标和方法的一致性。达致性主要表现在以下三方面：

1. 目标达致

团队对于目标的认可，要上下达成对目标的认可。

2. 方法达致

① 员工对达成目标的方法的认可。

② 员工对目标的认可需要基于相对应的方法之上。比如，今天的目标业绩是两万元，那么，如果店长推出 3 套性价比高的衣服，并且告诉员工针对不同风格的顾客可以推出其中的一款衣服时，试问员工对达成目标是不是有了信心，同时也有了方法？

3. 运作模式达致

目标最终需要员工来达成，需要员工之间的分工、配合，在运作上，需要多问员工的感受，询问员工对目标和达成目标的方法是否认同。结合员工的反馈来修正目标和方法，最终达成双方认同、可实现的业绩目标和工作方法。

相关性

相关性包括主题、服务、货品、技巧、班次五个方面。相关性有助于让晨会上下连贯，把目标和行动充分地结合起来。当确定晨会主题、订立业绩目标后，相关的服务目标、货品主推、销售技巧和运作上的人员班次都应该结合起来，让每一个员工都清楚该从哪几方面着手来达成业绩。

跟进性

跟进性即追踪、改善、总结、提升。很多晨会之所以没有效果，有时并不是内容不好，往往都是因为晨会中提及的内容、确定的事项没有人跟踪、落实。因此，要想知道晨会确定的各项目标有没有达成，确立的方法有没有很好落实，就需要在晨会上进行跟进，跟进的内容包括如下三项关键工作：

① 观察现场，以便收集到第一手信息。

② 对于收集到的信息给予总结 、评估。

③ 对于总结出的经验或是评估出的结果给予回馈。

参与性

晨会不是主持人的独角戏，晨会的最终目的是让大家在思想上达成一致的目标，行为上达成所有员工统一的行动。因此，获得员工的认同和积极的参与配合是关键环节。晨会参与性的关键环节包括引导、聆听、有效发问、给予总结和深入。

1. 引导

作为主持人、管理者，首先要引导你的员工参与到晨会中来。你可以通过开放式的问题来引导员工。例如，“昨天的业绩很不错，××，你觉得是因为哪方面做得好？我们要达成这样的业绩，大家觉得我们应该给自己订立一个什么样的目标呢？”

2. 聆听

聆听是沟通的基础，通过聆听，充分了解员工的想法和态度，找出你需要的信息，并加以放大。

3. 有效的发问

采用开放式的有效发问，引导出你所想表达的话题，把你想告知员工的话变成员工自己的感悟和他们心里的话。

4. 给予总结和深入

员工在参与过程中的提议和想法，不一定完全是你需要的内容，此时需要有效的放大符合晨会议题和思想的意见，并通过有效发问深入引导员工表达出你需要的想法。最后，对员工的宝贵意见一一做总结，而该总结也就是你对晨会需要达成的要点进行的总结。

投入感

员工的投入感在一定程度上决定了晨会效果的好坏，让员工具备良好的投入感，需要管理者具备真诚的正面心态，精神要饱满，话语要富有感染力，表情自然。只有这样，才能带动我们的员工全身心地参与到晨会中来，达到激情的工作状态。

激励性

打造员工的激情从晨会开始，激情的打造需要卖场管理者做好如下几点：

① 当员工有良好表现时，要积极给予回应；

② 要用能鼓励员工的语音、语调；

③ 做一名啦啦队长。

学习性

晨会是促进员工成长的一次聚会，在晨会中，我们通过一次次的业绩分析来提高员工的认知水平并让他们体现在随后的销售实践活动中去。那么，如何让大家在分享的过程中找到自己的学习点和提升点，从而不断刺激我们的业绩往前迈进呢？我们需要做到以下两点：

1. 榜样的力量

在员工队伍中挑出优秀员工成为榜样，适时地通过各种形式表扬和鼓励，形成良性竞争氛围。

2. 传播

传播的力量是惊人的，在卖场中，传播的魅力同样不容忽视。终端的事务关键在于执行，一旦做到的员工被挑出来宣传和奖励，所有的员工将会认识到你在关注他们，并重视这件事，相信不久所有的员工都能达到你的要求。

第三章

晨会主题与晨会后的跟进

导读

晨会主题的策划

晨会主持人的要求

晨会总结及会后评估、跟进、落实

晨会主题的策划

晨会是否能成功地召开，晨会的主题和形式的设定很重要。晨会的主题和形式的设定需要提前规划，将晨会的目的、方式、预期效果、传达要点、知识点明确，本节内容提供九个不同主题与实施形式的晨会主题，以供参考借鉴。

晨会主题 1：成功的意愿决定结果

目的：树立员工的成功理念、培养员工的成功欲望。

方式：三分钟演讲。

预期效果：让员工意识到成功的重要性，并培养员工力求成功的意愿，提高员工的语言表达能力。

要点：事先要通知员工做好准备，晨会时可安排 3~5 人演讲。演讲前要放充满激情的音乐；结束后，主持人要做点评，并就相关知识点进行讲解。

知识点：

（1）成功的定义——成功等于目标，其他是这句话的注解。

（2）是一定要成功，而不是想要成功。

（3）成功者是因为做对了事情。

（4）成功是一种习惯，一种思考的习惯，一种行为的坚持，意愿是成功的关键。

晨会主题2：学习力就是竞争力

目的：掌握学习方法，营造学习氛围。

方式：文体娱乐式。

预期效果：通过理性和感性的共同作用，使员工真正学会如何学习。

要点：主持人事先准备好一个舞蹈、一首歌或一个游戏。通过对舞蹈（歌曲、游戏）的学习过程让员工体会学习的五大步骤。同时，要引申到我们平时有没有注重自身的学习与提高上来，让参与者一定要养成一个良好的学习习惯和正确的学习方法。

知识点：

（1）成功是靠模仿，靠学习的。

（2）费力地摸索不如努力地学习。

（3）21世纪的竞争是学习的竞争。

（4）学习的五大步骤。

①初步了解学习的内容。

②重复为学习之母。

③开始使用学习内容。

④融会贯通学习内容。

⑤再一次加强学习内容。

晨会主题3：情景销售演练，销售＝你提问＋他回答

目的：明白提问的重要性，改变以往销售习惯。

方式：集体诊断式。

预期效果：熟练基本提问语型，培养问话销售习惯。

要点：事先准备两个场景，一个场景是业务员与客户交谈，交谈中以叙述为主，滔滔不绝，客户很少说话；另一个是客户主控、业务员被控的对话场景。演练完后让员工进行诊断分析，找出其中的问题。最后，主持人讲解并做正确演练。

知识点：

（1）销售的定义：提问——回答——成交。

（2）提问的方式：开放式、引导式。

（3）善用反问。

（4）提问的技巧。

① 从简单问题开始。

② 问“Yes”的问题。

③ 问“No”的问题。

④ 要考虑客户的反应。

晨会主题 4：不打无准备之仗，收集顾客信息

目的：认识准备的重要性，掌握准备的关键点。

方式：团队竞赛式。

预期效果：通过此活动让员工知道自己不能成交的真正原因。

要点：事先找一位主管或员工家属作为客户（最好部门中很少有人认识，越保密越好），要和他沟通好相关事宜。周五夕会上，主持人只说出此人的姓名、住址，然后要求各小组展开竞赛，看哪个组在下周一前了解的信息最多，并给予适当奖励。

在周一的晨会上先由各小组汇报收集到的信息，然后请出这位“顾客”评判获胜方。最后，主持人对准备的相关内容进行讲解。

此活动关键是调动员工积极参与。

知识点：

（1）专业知识的准备。

（2）详细了解顾客。

① 世界上没有不能成交的客户，只是你对他还不够了解。

② 每一份努力都会有倍增的回报，都会得到公众的表扬。

（3）精神的准备：自我放松、阅读、听音乐、静坐。

晨会主题 5：完美的初次接触

目的：学习正确的接触方法，培养正确的接触习惯。

方式：情景话剧式。

预期效果：使员工认识和改正自己的错误，学习新的接触方法。

要点：设计两个场景，一是让业务员在电话中接触客户；二是当面与客户接触。在整个表演过程中，要求其他员工只观看不说话，并且记录整个过程中正确与错误之处。表演结束后，先让员工发言，然后主讲人就相关知识点加以说明。要提醒员工注意观察客户的类型和业务员的模仿水平。

知识点：

（1）要在 30 秒内吸引客户（设计一个 30 秒钟的开场白）。

① 销售之前了解决策权。

② 第一句话就要让客户知道你的产品和服务最终将给他带来哪些好处。

③ 要清楚地告诉客户，你不会占用他太多时间（比如，最多 10 分钟）。

④ 拜访客户前要确认你的约会。

（2）新客户接触要点。

① 进门前要运用视觉冥想。

② 要同客户握手，并开始 30 秒的开场白。

③ 注意你的外在形象。

④ 注意你说话的语调和声音。

⑤ 注意你的肢体动作。

⑥ 注意你的产品和资料的包装。

晨会主题 6：认同别人就是确认自己

目的：培养语言习惯，学会认同别人 。

方式：小品演绎式。

预期效果：员工能准确找出认同点加以认同。

要点：晨会策划人预先创作一个小剧本（与朋友吃饭、在商场购物、在客户家寒暄等），剧本中的人物对话一定要有一方在不断地认同对方，使得对方感觉很好。剧本中要充分运用相关知识，并注意语言的生活化，切忌让人感觉做作。员工要事先彩排，熟练后方能表演。表演结束后，主持人要对相关知识点进行分析和点评。

知识点：

（1）做任何事情必须先调节心情，再处理事情。

（2）寻找认同点。

① 认同对方的心情。

② 认同相反的想法和观点。

③ 认同他的问题。

④ 认同他的要求。

（3）认同的方法。

① 重复对方的话。

② 采用如果法。

③ 四个认同的基本句型。

a. 那没关系！

b. 那很好！

c. 你问的问题非常好！

d. 你说的很有道理！

晨会主题 7：塑造产品的价值

目的：学会按照客户价值观去塑造产品的价值。

方式：故事大王式。

预期效果：使员工学会讲故事，学会引用事例。

要点：主持人预先要求每位员工准备 1~2 个有意义的故事或事例。晨会上随机选取 4~5 位员工讲故事，每个故事或事例讲完之后，主持人便要求其他员工说明此故事的意义所在，以及在工作中如何运用，并要求所有员工认真做好记录。主持人也可把自己收集的一些含义深刻、发人深省的故事讲给员工们听，事后还可择机让员工复述，如此反复必有奇效。

知识点：

（1）人们购物的原因往往有两个：感到快乐和摆脱烦恼。

（2）顾客不买产品的理由：烦恼不够、快乐不够。

（3）要让客户在过去、现在和未来都感到未能购买商品带给他（她）的影响。

（4）叙述的方法。

① 说理法。

② 举例法。

③ 比喻法。

④ 引导法。

晨会主题 8：将客户准确地分类

目的：培养员工的洞察力和判断力，学会准确区分客户的类型。

方式：早餐茶话式。

预期效果：使员工在轻松的交谈氛围中增进彼此的了解，同时学会区分他们的类型。

要点：事先要求员工自带早餐参加第二天的晨会。晨会前主持人可以播放一段抒情的音乐，准备好茶水，营造一个轻松的氛围。主持人待人员基本到齐后只做简短的讲话，让大家尽情交流，加深了解，谈话内容不限（要员工注意观察对方的类型）。约 30 分钟后，待大家均已尽兴，主持人邀请几位员工说出其交谈对象的类型，并说明为什么。提问结束后，主持人就对同事类型的判断方法和如何应对加以总结，并要求员工熟练运用。

知识点：

（1）客户类型按价值观可分为：追求型、逃避型（通过欲望测试进行判断）。

（2）客户类型按肢体语言习惯可分为：听觉型、视觉型、触觉型（通过观察其语言、动作、神态进行判断）。

（3）客户类型按思维判断习惯可分为：配合型、同中求异型、异中求同型、拆散型（通过小游戏进行测试）。

晨会主题 9：克服失败所带来的恐惧

目的：学会克服失败所带来的恐惧的方法，可以在一定程度上帮助员工去掉思想障碍。

方式：头脑风暴式。

预期效果：将各种拒绝和失败转换成积极的定义。

要点：主持人首先问大家："在以前，只要当什么时候，我们就觉得自己已经被客户拒绝了？"将员工的所有答案记录在白板上。接下来要对以上记录进行定义转换，运用以下句型："当……时，只是表示……"再请员工逐一解决。最后，再给拒绝下定义，运用"唯有当……时，才真正代表我被拒绝了"，同样让大家回答。例如，在以前，只要当客户冷漠地说"没兴趣"时，我就觉得被客户拒绝了；现在，当客户说"没兴趣"时只是表示我销售的时机不对，唯有当我不能坚持到底时才真正代表我被拒绝了。

操作时也可以让每位员工就这三个句型各写三条，然后由主持人当场读出，并加以修改。为了调动大家的积极性，主持人要预先强调定义转换的重要性。

知识点：

（1）80% 的销售行为都是在拜访 5 次之后才成交，所以，在客户对你说 5 个"不"之前都不算被拒绝。

（2）自信心缺乏源于 4 个方面。

① 缺乏经验和专业技能。

② 过去失败经验的影响。

③ 对注意力的把握（对自己的接受度和认可度）。

④ 限制性信念的影响。

（3）克服失败恐惧的方法。

① 提高自信心和自我价值。

② 转换对失败和被拒绝的定义。

晨会主持人的要求

凡事都是有技巧的，当你掌握了做一件事情的技巧（有时候是规律），你就能够轻松地做好它；没有技巧、一味蛮干，最终只能是事半功倍。

主持晨会看似简单，其实是一个只有用心才能做好的事情。如果晨会的主持很随便，那么，这样的晨会很难有效果。

晨会的开场要简洁明了，要求主持晨会者以饱满的精神向店员问好。一个善于控制局面的主持人，是善于利用自己的声音和语气来感染店员。

晨会主持人在主持过程中还需要注意与店员的互动。自说自话、不注意店员的反应，最后的结果往往是别人对你说的话左耳进、右耳出，甚至没有听进去。良好的互动可以提高店员参与工作的热情，使他们更好地执行工作安排。

要提高晨会效率，对时间的控制也十分重要。晨会只是做好工作的一个工具，而不是工作本身，所以，一定要分清主次，控制好时间，高效地完成预定目标。要明确是为工作而开晨会，不是为开晨会而开晨会。这就要求晨会主持人清楚晨会的目的，控制好晨会的进程。在晨会的结尾还可作一个总结，再次强调一下本次晨会的重点。建议最后带出一个口号，再次鼓励店员的士气。

主持人的准备

1. 要了解现场

作为晨会的主持人，不论是店员还是部门经理，首先要对自己管辖的现场十分了解。这里所说的了解，一是对本部门的商品结构、质量、价格、趋势、知识、技能、服务要了如指掌；二是对卖场管理的规章制度，特别是针对本部门商品和管理要求的卖场制度要十分了解；三是要对本部门的人员结构非常了解，不论是职工的能力、品德、个性、敬业程度、责任心等都要了解,甚至对职工的家庭状况也要略知一二。为什么要了解员工的家庭情况呢?因为有时候员工的家庭矛盾也会影响工作，你要像班主任一样，必要的时候还要进行家访。多了解一点都有利于你的日常管理。总之，在你的“视野范围”内的人、财、物，你都必须了解，甚至要达到如数家珍的地步。了解现场是开好晨会最基础、最起码要掌握的东西。

需要特别注意的是，主持人会前要询问店员队伍中是否有什么潜在的大问题，可能在会议上提出的问题，这就需要提前沟通。如果是实战问题，还可以拿到会上讨论。会议内容也要提前通知大家，如若要让店员上台演讲，必须通知相关人员早做准备。

2. 要了解同行

俗话说:“知已知彼,百战不殆。”本组、本部门的商品结构、服务措施、促销手段与同行类似的商品结构、服务措施、促销手段有何不同，优劣势表现在哪里？这是作为晨会主持人必须了解的。开晨会很多时候会与同行进行比较与分析，如果不了解同行，领导如何给员工布置工作，提出要求呢?

主持人的控场能力

控场能力包括控制时间、主题和氛围三部分内容，具体如下。

1. 控制时间

因为每天的晨会一般控制在 45 分钟以内，这就更要求我们严格控制好时间。我们提倡开晨会的形式多种多样，但不管你采用了哪种形式，一定要严格控制好时间。

2. 控制主题

主持人一定要时时把握会议的主要目的。切忌让大家在一起漫无目的地聊天，聊的都是与主题无关的事情。这不但浪费了宝贵的时间，还会使人心涣散。作为主持人，晨会一开始就应该紧紧把握主题，自己一定要清楚这次晨会的主题是什么。如果产生讨论，一定要在适当时候把大家从其他的话题上拉回来，如可以直接讲“让我们回到某某问题上来”。严格按照会议的议程、计划开展议题。

在对晨会做出计划和使晨会保持在较快节奏的前提下，作为主持人还要对会议的进行做出一些随机的调整。例如，不管是否已到所计划的时间立即结束已经达到目的的部分；当该部分内容出现一些有价值的东西时，也可对原有计划做适当的“有计划的拖延”，以使晨会取得更大的效果。

3. 控制氛围

在紧张繁忙的工作中，冗长的表达意见容易惹人厌烦，加上人的思考速度又比说话的速度快，因此，冗长的话语更不易引人注意。须知，表达意见的目的是为了引起别人的注意，进而加速达成共识或解决问题。

在晨会进行中，如果气氛沉闷，主持人应该马上改变姿态和声调，如讲得更响一点、更快一点；或者选择健谈的导购员在会上发言；寻找一些讨论的契机，如一线销售出现的问题、卖场新动向等。如果可能，可以越过议程上一些非重要事项，给大家一个干净利落有事则议、无事则散的晨会工作印象。

晨会上最糟糕的情况莫过于主持人说得声嘶力竭，店员却如坠云里雾里、不知所云。要想避免这种情况，就要让自己的表达清楚无误，再加上吸引人的小故事、小游戏和精心挑选的音乐来使大家注意力集中。

晨会中的互动

在晨会中，如果只是单纯地由主持人来讲、其他人被动来听，这样的晨会效果绝对不会好。

一般来说，在卖场开晨会的时候采用站两排的形式，主持人与其他人面对面，也可以是站一个圆圈。比较而言，站一个圆圈比较好，因为那时每个人离得都非常近。站成一个圆圈就是一个团队。当我们站成一个圆圈的时候，会有明显的互动气氛，这将令我们的晨会产生非常好的效果。

开晨会的时候不是主持人的一言堂，越是成熟的主持人，他说的话越不是很多，他会让员工说，为什么呢？这样的晨会会让员工有投入性和参与性，能够让所有的员工都参与进来。让员工参与晨会形成互动有以下几种方式。

1. 让员工积极发问

主持人要多通过发问让员工来回答。例如，今天到了一款新货，可以问大家有什么方法能让货品销售得更好。或者昨天我们新到一款货品，发现模特也穿了，但是销售不好，可以问大家顾客的反应是什么，当他们给顾客推荐时顾客为什么不买，等等。

2. 让员工复述

主持人可以采用复述的方法使员工积极地互动参与。比如，请货组讲完产品知识以后，为了有很好的互动气氛，可以请一位员工来复述一下，这样就可以检验一下大家有没有了解刚才说话人的内容。这就使店长之外的第二个人也参与进来了。

3. 角色演练及分享

开晨会多用角色演练，比如，我们讲完一款产品的相关知识，主持人就可以说："刚才我们的货组已经讲过产品的知识了，那么，我们怎么在卖场里面运用这些知识呢？现在我请一位同事来扮演一位刁蛮的顾客，一位同事扮演导购员，让他们现场帮我们做一下演示，来介绍这款货品，我们大家一起来看一下从中能学到什么？大家认真看，一会儿我们还要请大家分析导购在哪些方面可以做得更好一些。"这样就可以让所有的员工都互动起来。这样开晨才会更有效。

晨会中还要有同事之间的互相分享。分享同事的成功经验是一个能提升个人荣誉感的很好机会，销售业绩好的员工会觉得这是个荣誉，销售业绩不好的员工看到这种情况以后会受到激励。

请记住：互动非常重要，让你的员工参与，而且有越多的员工参与，就意味着你的晨会气氛氛围越好。

晨会总结及会后评估、跟进、落实

晨会结束前的总结是对整个晨会内容的系统化概括和梳理，是锻炼思维和提高自我的一个过程,更是由实践向理论提升的关键节点。不要小看总结，总结是晨会一个不可缺少的部分。从第一次开晨会起，如果你注意总结，注意积累，常用总结的经验来指导自己的工作，就能使自己不断地超越自己，使自己不断地提高。

总结也有利于自己对一周的工作进行梳理。要知道一周的工作正是由每天的工作一步一步完成的。这样在周会、月会的时候你才能够清晰明确地与上级沟通、汇报工作，让上级肯定自己，对自己的职业生涯有着重要意义。

总结也是一个店长综合素质的体现。店长在晨会上发表总结时,无形中,自己的素质、专业水平、管理能力等都会得到充分的展现。

在晨会的最后，店长需要对整个晨会的内容做一个回顾，把所有的要点再复述一遍，可以对同事起到提点的作用，这样可以让大家明白当次晨会的所有要点，不至于晨会开到最后就忘记了前面的内容。

晨会结束后，店长应该整理出关于当次晨会的书面总结，便于以后查阅、借鉴。

对晨会的评估

晨会结束了，不是开完就放下不管了，通过评估，我们才能知道所开的晨会是否真的达到了我们的预期目标。及时、有效、公平地进行追踪、评比，使晨会的运作更具竞争性、挑战性、实效性。

对于晨会的评估不能想当然，首先要对这次晨会的效果做一下评估，其主要目的是：

（1）晨会的目标是否能够实现。

（2）参加晨会的同事是否对当次晨会满意。

（3）在以后的晨会中有哪些地方可以改进。

单次晨会管理跟进如表 3–1 所示，晨会主持质量管理表如表 3–2 所示。

表 3-1 单次晨会管理跟进表

评核人： 被评核人： 评核时间： 店长确认：			
评核内容	评核标准	分值	评核分数
一、会前工作	1．确定开会内容并搜集、整理资料：①会议内容不明确扣 3 分；②资料准备不准确、不充分扣 3 分。	8	
	2．确认开会时间并严格执行（早班 8 ：20，下午班 14 ：20）：①开会点名时间延迟 5 分钟内扣 3 分；②延迟 5 分钟以上记零分；③特殊工作安排及不可抗力因素除外。	5	
	3．检查员工的服务形象（妆容、工装等）及状态调动：①妆容、工装每 1 人 / 次不合格扣 1 分，扣完为止；②同事状态萎靡，注意力不集中扣 3 分。	8	
二、会议内容	1．昨日工作总结及今日重点：①内容层次不清晰扣 3 分；②重点内容阐述不清楚扣 3 分；③工作内容缺失扣 5 分。	12	
	2．昨日销售完成情况及今日业绩指标制定：①销售数据未通报扣 6 分；②销售数据不准确扣 3 分；③业绩指标未制定扣 6 分；④业绩指标制定不合理扣 3 分。	12	
	3．货品销售及库存状况通报：①货品数据不准确扣 5 分；②数据未有效传达至同事扣 3 分；③本步骤缺失该项记零分。	10	
	4．新款货品知识指导。	6	
三、氛围营造	1．适时发问并鼓励同事参与：①会议氛围沉闷扣 3 分；②与同事无任何互动扣 3 分。	6	
	2．表情、手势、眼神等非语言技巧运用：①表情、手势运用不恰当扣 3 分；②无任何运用记零分。	6	
四、意见反馈	1．回复同事正面或负面意见、建议及疑问：①意见回复不明确扣 2 分；②不理会建议、意见该项记零分。	5	
	2．记录未解决事项并予以跟进。	5	
五、会议总结	1．重申销售目标。	4	
	2．分配工作任务：①任务分配不明确扣 5 分；②任务分配不合理扣 3 分。	8	
	3．鼓舞士气：①同事士气低落扣 3 分；②本步骤缺失该项目记零分。	5	
六、附加项	在会议形式的多样性、新颖度及带动性方面给予酌情加、减分（根据其不同程度进行 1~5 分的加、减分）。		
评分说明：1．考核分数满分 100 分，70 分及格。 2．任意单项得零分则本次考核记为不合格。			

表 3-2　晨会主持质量管理表

主持人	仪表着装	氛围	参与度	内容	创新度	时间掌控	熟练度	总分
	10	10	20	30	10	10	10	
甲								
乙								
丙								
丁								
戊								
己								
庚								
辛								

评估要点：

（1）以季度形式进行晨会质量评比为最佳。

（2）评比结果要对员工公布，并给予较好的主持人以适当奖励。

（3）评比后一定要由优秀主持人做经验分享。

晨会的跟进

开晨会本身并不是目的，而是在晨会中是否达成共识，形成决议或者相关工作是否得到落实等。在晨会结束后，一些后续的工作仍在进行，甚至是刚刚开始。店长应该学会如何跟进工作，保证工作进度在自己可以控制的范围之内进行。

晨会结束并不意味所有工作的完结，更不是工作的终止。要圆满地完成整个工作，还有一道必不可少的程序——晨会的跟进、反馈。跟进得好，能巩固和扩大晨会的成果，达到事半功倍的效果；跟进得不得力，则有可能前功尽弃。

后期跟进是一个非常重要的工作。对晨会的跟进主要表现在以下几个方面。

第一，主动征询和收集员工对整个晨会召开的意见。本次晨会成功的地方在哪里？需要改进和注意的地方在哪里？通过收集这些反馈意见，对我们在以后进行类似的晨会时能有所借鉴。

第二，对在晨会中所捕捉到的信息要继续跟进。

第三，对晨会中反映出来的问题也应制定一个方案来进行解决，分工到人，明确职责，并定期检查跟进、反馈工作的成效。

晨会中问题落实

晨会的成效最终要体现在落实上,在晨会后要对晨会中的问题进行落实。

在进行晨会策划时，店长可能会有一些突发的灵感，但是，由于种种原因而无法在当次晨会上付诸实施。因此，应建立一个系统来记录这些想法，以便作为以后晨会的重要参考。

在晨会进行阶段，有一些可能与会议无关但确实很有价值的想法或观点被提出来，并引起了其他的重视，最好也能将这些记录下来，作为以后晨会的参考。另外，在晨会过程中一些同事反馈的信息中也可能会是很不错的想法，也应该把这些想法记录下来，以便为以后的会议提供参考。同时，要有意识地对同事进行培养，让他们对自己在晨会中的表现进行评估。要同事注意自己是否在晨会中积极进行了与店长的互动，是否积极对提出的问题进行了思考,等等。下面我们列出一张表来帮助同事进行自我评估,如表3–3所示。

表 3–3　个人晨会参与度评估表

日期________　　　　　　　　　　　　评估者____________

发言频率（频繁、刚好或者太少）	1	2	3	4	5
	太少		刚好		频繁
发言长度（是否对晨会有正面影响）	1	2	3	4	5
	太短（无影响）		刚好（恰到好处）		太长（过度影响）
论据质量与数量（论据恰当与否和是否有组织）	1	2	3	4	5
	质与量都不好		质与量都可以		质与量都很好
意见清楚程度（意见陈述清楚及一致性）	1	2	3	4	5
	令人困惑		还算可以		非常清楚
对他人意见的批评（是否为评价性思考）	1	2	3	4	5
	批评无价值		批评还算可以		批评过度
表达能力（口齿是否清晰，音量、语速是否合适）	1	2	3	4	5
	太软弱		清楚具感染力		太大声
与会态度（是否鼓励与支持他人意见）	1	2	3	4	5
	缺乏正面回应		回应他人态度恰当		回应态度不良
与团队互动状况（是否合作、心胸开阔、具有民主精神）	1	2	3	4	5
	有敌意、不合作		还算合作		合作意愿高
推理能力（分析是否合乎逻辑，是否能指出他人逻辑错误的地方）	1	2	3	4	5
	思考缺乏逻辑		具有批判性的思考		批判性思考极佳
对议事程序的配合度（整合意见的能力）	1	2	3	4	5
	缺乏贡献	有贡献	不按议事程序进行		
态度（是否在坚持自己的意见同时又尊重他人）	1	2	3	4	5
	态度软弱（屈服他人）态度坚定（尊重他人）态度固执（限制他人发言）				
得分总计					

第 四 章

卖场例会：开好卖场例会，业绩翻三倍

导读

例会结构
例会技巧
完美结束：卖场夕会
卖场交接会流程
卖场每周例会
卖场每月例会
卖场每日会议纪要
卖场例会跟进管理表

例会结构

卖场的例会包括晨会、交接会、夕会、周会和月会，例会的开展有利于卖场的正常营业，有助于卖场负责人对卖场状况的把握。

对于晨会，我们已经在前文中重点讲解过了，本章我们重点讲解交接会、夕会、周会、月会的召开事项。

“凡事预则立，不预则废”，开例会不打无准备之仗。要有效地组织和召开销售例会，必须要明确以下几个问题。

1. 确定例会的目的性

例会的召开，要有清晰的目的性，也就是要明确例会举行的目的和意义在哪里？它的召开要达到什么样的目标？

2. 确定例会的主要议题

例会主要解决哪些问题，是探讨和分析销售波动的原因，还是对主推产品（服务）进行强调？是鼓舞士气，激发团队热情，还是“诊断市场”、解决卖场存在的问题？例会的议题确定很重要，因为它主导着例会的方向，使例会的针对性更强。只有明确了清晰的主要议题，在例会召开的过程中才不易跑题，才能在预定的议题范围内，顺利达到预期的效果。

3. 确定例会的召开时间和地点

通常，卖场的例会具有比较固定的时间和地点，但是，组织者一定要对每次例会召开的时间进行把控，并明确例会纪律，比如不准迟到、不准无故请假、要进行充分的会前准备等。

4. 准备必要的例会资料

在例会举行之前，要充分分析和统计所需的报表、总结、各种表格等资料，对卖场情况做到心中有数。

管理者只有明确了以上 4 点，才能在举行例会时，有的放矢，有备无患，从而胸有成竹地开一个成功的例会。

经过长时间的卖场业绩提升项目辅导后，我们发现：众多的店长在日常的例会中，经常存在结构不清的问题，想到什么说什么，导致传达不到位，导购不知道店长要重点表达什么。

例会的结构其实很简单，包括四个部分：销售目标、服务目标、货品目标和运作目标（见表 4–1）。但是，店长在具体操作的过程中，经常讲服务的时候讲货品，讲运作的时候又开始讲服务，以至于自己不清晰，员工更是一头雾水。

表 4–1 详细列举了各个模块的具体内容。

表 4–1 例会结构表

销售目标	回顾昨天：昨日销售目标、售出件数、销售额、主推款销售、VIP、联单、客单价、新客人数、老客人数。
	今日销售目标：订立今日销售目标、新 VIP 数量、主推款销售目标、连单目标。
服务目标	售前：赞美打开话题、介绍自己 、拿画册介绍。
	售中：询问顾客姓氏。
	售后：送客标准。
货品目标	主推款介绍、最畅销款、货品搭配、断码或全码情况。
运作目标	班次、卫生、划分区域、人员分工、站位、纪律、空场时间的安排、交接班安排、货品知识考核等。

例会技巧

在召开卖场例会时，卖场负责人要掌握开会的技巧，明确开会前应准备的事项，掌握例会进行时的技巧，并掌握给同事、下属提工作意见的技巧，详细细则如表 4–2 所示。

表 4-2 召开例会的技巧

开会技巧	开会前的准备	(1)资料搜集(数据、相关例子等)。 (2)事前与店员商讨内容。 (3)订立开会时间。 (4)通知同事。 (5)安排场地(仓库、卖场等)。 (6)集合点名。 (7)准备工具(白板、水笔)。 (8)复查资料正确与否。
	进行时的技巧	(1)说明开会内容。 (2)带出主题或重点。 (3)鼓励同事参与。 (4)适当时候发问。 (5)复述提问(或意见)。 (6)对同事的正面意见作出回应。 (7)对同事的负面意见或疑问作解说。 (8)对未能解决事项做记录后跟进。 (9)运用非言语技巧：笑容、眼神、手势。
	总　结	(1)重申结论。 (2)委任工作。 (3)定下完成目标时间。
主持人或店长给同事提工作意见技巧	掌握提工作意见的机会	(1)当同事受顾客赞扬时。 (2)当同事全心全意做好服务时。 (3)当同事没有笑容或精神不振时。 (4)当同事销售技巧不够熟练时。 (5)当同事言语不礼貌时。 (6)当同事工作态度出现问题时。 (7)当同事处理顾客投诉不当时。 (8)当同事间出现意见分歧而影响卖场气氛时。
	运用提工作意见的技巧	(1)选择适当的时间、地点提工作意见(下班前、在卖场以外)。 (2)充分准备，有实质内容和具体事例。 (3)工作意见统一，不会经常变动。 (4)抱客观开放态度，听取同事发表个人意见。 (5)处理赞扬性 FEEDBACK 时要言语及非言语地表现出热切态度。 (6)处理检讨性 FEEDBACK 时要言语及非言语地表现出诚恳态度。 (7)所有意见必须是正面或鼓励式的。 (8)让同事重复 FEEDBACK 内容，确保信息清晰收到。
	拟定下一个目标及完成时间	跟进工作：(1)与同事对工作进行分享，使跟进更完善；(2)在拟定的时间与同事再跟踪进度。
备注：每位主持人或店长在开会前必须对以上项目都能熟练掌握。		

完美结束：卖场夕会

夕会是总结一天的销售活动的时间，夕会一般由店长或店长助理作为会议的主持人，在夕会中要分析店员的工作优缺点，及时对店员给予鼓励，不断提升店员的工作积极性。

夕会宗旨

1. 以探讨实际活动为出发点

夕会通常是对当天的销售实绩与销售活动作重点式的反省与探讨，从而为明天的工作指明方向。

2. 思考明天的目标

以销售目标和实际的误差作为反省、探讨的重点，然后，研究明天的目标金额。此时，将从月初开始的目标金额累计与实际金额累计加以比较，若实际下降时，则多设定明日的销售目标。为缩小目标与实际距离而努力。

3. 思考明天的销售活动

设定明日的销售目标后，要具体地思考“明天以 ×× 商品为重点销售”等问题。因此，明天第一件事要做 POP 广告，全力以赴达成目标。

夕会的执行内容

夕会要有一定的执行标准，具体内容如表 4–3 所示。

表 4–3 夕会执行内容

心态	不要认为夕会只是仪式，要通过夕会反省今天做得不好的地方，从而获得明天的行动指导。
检讨销售目标与实绩	1．明确销售目标与实绩的差额，并思考原因。例如，畅销商品为何能畅销？滞销商品为何滞销？ 2．把握目标累计与实际累计的误差程度。 3．设定明天的销售目标（注：实际较目标低时，要设定较大的目标额）。
检讨活动状况	1.反省今天的销售活动，并具体思考明天销售活动的方法。 2.反省在晨会发表过的“努力目标”、“提升能力目标”的实施状况与结果。 3.具体思考明天的“努力目标”与“提升能力目标”。
夕会分享	1.若需分享上述的“目标”、“实际”、“活动状况”时，要认真具体。 2.若需分享“感想”时，要认真。

夕会是总结当日目标的重要时刻，因此，积极、活泼地配合极为重要。

案例链接：某服装品牌终端的夕会流程及内容

一、夕会流程

夕会流程如图 4–1 所示。

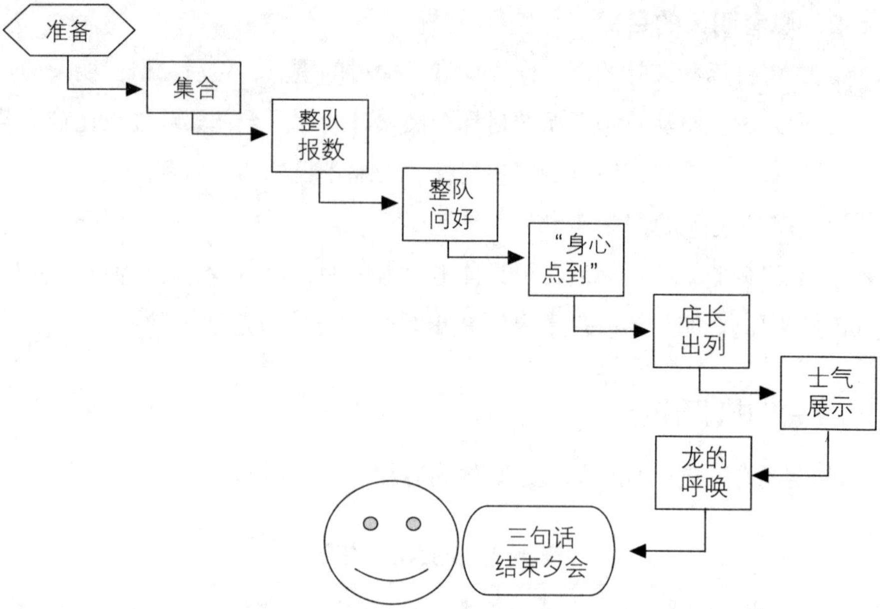

图 4-1　夕会流程

二、夕会执行前准备

1. 店长在夕会前 5 分钟提示全体员工夕会将于 18 点准时召开，请各位同事尽快完成手头事宜，做好相关准备。

2. 店长检查仪容仪表（有无违规行为，如有违规行为当场对其进行通报，要求其进行改善）。仪容仪表检查内容如下。

① 着装得体整洁大方，符合公司终端导购着装要求。

② 工牌按公司的要求正确配戴。

③ 不浓妆艳抹。

3. 夕会参会人员为卖场 2 班全体人员。

4.18 点主持人准时召开例会，夕会时间控制在 10 分钟以内。

三、夕会实施

1. 集合

① 主持人定时集合。

② 主持人语言：“30 秒内集合完毕！”

③ 参会人员面对面站成两排，若卖场人数为奇数，则由主持人站齐添补。

在做“龙的呼唤”之类需要两两互动的环节，主持人可以补充进队列互动，互动结束后再退出继续主持。

④ 主持人人选也可以提前由店长指定门店工作积极的员工担任，并编排主持日期。由店员担当的同一主持人不得连续超过两天担任主持。

⑤ 主持人负责当天晨会、夕会的主持工作。

2. 整队报数

主持人：“立正！向右看齐！向前看！报数！”

成员回应：“一、二、三、四……”最后一名报：“全员到齐！”

3. 整队问好

主持人：“各位亲爱的家人们，大家现在好！”

成员回应：“好！很好！非常好！ Yes!”

4. “身心点到”

主持人：“现在开始身心点到！左脚（到），右脚（到），左手（到），右手（到），心（到），身心具备！”

括号内为成员回应内容。

5. 店长出列

主持人：“下面有请店长出列，为我们今天的工作进行部署。”

店长宣讲内容（重点）。

① 数据回顾

店长：截止至交班，我们 A 班业绩______元，我们 B 班业绩______元。完成的很理想（不太理想），希望各位家人继续保持良好的状态（不要气馁，争取晚班能够取得好成绩）。

② 总结分享

如果没有需要分享的，需要解决的问题也可以提出，两者如果都有，可以都提，两者如果都没有，该环节省略。

店长：“昨天我们 ×× 导购做了一个大单，金额达到 ×× 元（数量达到 ×× 件），现在让我们用最热烈的掌声有请她为我们分享成功的奥秘。”

成员 ××：“我昨天做的这个大单是因为：对顾客需求比较了解；对产品比较了解；比较擅长搭配；服务态度良好；专业知识……”

店长:“哇，这么棒啊，难怪会成功！现在我提议用我们的热情来拥抱成功（由店长组织其他导购给予该导购热情的拥抱），拥抱了成功，我相信大家都可以很成功！”

或者是以下场景:

店长:“昨天我在卖场发现了一个问题（活动出现的问题、卖场出现的问题），大家觉得怎么解决能达到最好的效果呢？”

……

店长（提炼总结）:“好，那以后呢，我们再碰到类似的情况就……”

店长工作部署完后，自动入列，主持人继续上台。

6. 士气展示

主持人:“我们的使命是什么？”

成员回应:“打造创业平台，传播感恩文化，让母亲更幸福！”

主持人:“我们的愿景是？”

成员回应:“创中老年服饰第一品牌，做最受尊敬的连锁企业。”

主持人:“我们的企业文化是什么？”

成员回应:“孝心、爱心、关心。”

7.“龙的呼唤”

主持人:“各位家人，龙的呼唤准备！”（全体成员两手伸出大拇指相对，同时喊“嗨”）

主持人:“龙的呼唤开始！”

成员回应:“一、二、三、四，嗨！一、二、三、四，嗨！一、二、三、四！一、二、三、四！嗨嗨嗨！”

8. 三句话结束

主持人:“下面以三句话结束今天的夕会！”

主持人:“今天的心情(好极了)！今天的沟通(棒极了)！今天的目标(明确了)！”

括号内为成员回应内容。

卖场交接会流程

交接会的流程如表 4–4 所示。

表 4–4　卖场交接会流程

会议名称	会议时间	序号	会议流程
交接会	交接班期间 20 分钟以内	1	早班业绩总结、晚班销售计划落实。
		2	早班重要事项交接。
		3	早班未完成需重点跟进的顾客服务事件交代。
		4	竞争品牌销售状况的了解和追踪。
		5	传递公司通告或最新资讯。
		6	鼓励员工士气（由当班领班主持）。

卖场每周例会

卖场周会是很重要的卖场经营分析会议，由店长到公司参加周会，店长须将卖场上周的销售业绩、达成率、达成策略、店员的销售达标状况、达标率向区域经理汇报；由区域经理确定卖场本周的销售目标，下达公司的各项方针政策。卖场周会流程见表 4–5。

卖场周会规定：

1．所有门店的店长或商场专柜的店长助理必须参加。

2．所有参会的店长不可迟到、早退。

3．必须准确汇报卖场整周的销售业绩。

表 4–5　卖场周会流程

会议名称	会议时间	序号	会议流程
周会	周一交接班期间半小时左右	1	本周销售总结：对比前期的升降幅度、达标率分析、结余分摊分析、预测销售分析。
		2	人员工作总结：卖场销售冠军业绩、个人销售指标分析总结、个人的贡献值分析（个人目标占比和销售占比比较分析）。
		3	VIP 服务总结：本周 VIP 开卡和服务总结、同事目标达成总结和原因分析、建议分享。
		4	总结上周工作中的问题改善情况、成功案例的分享。
		5	确定下周工作目标、服务目标。
		6	货品分析：本周畅滞销产品、重点主推产品公布、补 / 退 / 调货重点跟进事项，商议改善的对策。
		7	本周公司通告、资讯、规范执行力度总结。
		8	鼓励员工士气（由店长主持）。

卖场每月例会

每月例会是对卖场的销售进度、下月工作计划、近期政策、商品调拨、巡店等内容做出分析总结。每月例会的内容流程及内容见表 4–6。

每月例会注意事项：

1. 每月月底 25 号应主动上报给区域经理下月例会时间，例会日期不超过当月的 15 号。

2. 例会前一星期须向区域经理提交例会内容。

3. 提前三天通知卖场同事例会时间及需准备物品（如笔记本、笔等）。

4. 提前一天预备好例会所需及场地摆位。

5. 例会必须全体员工参加（特殊情况应事先向区域经理请假）。

6. 安排卖场同事轮流做会议主持。

表 4-6 卖场月会流程及内容

会议名称	会议时间	序号	会议流程
月会	每月第一、第三周	1	销售进度分析：①总业绩、单店日销、总体达标进度；上周达标进度、对比上月的升降幅度、平效、人效以及升降幅度、人员目标与销售的占比、对比；各店目标及销售占比、对比；客单价、平均单价、附加值分析。②VIP 销售分析：占总销售的百分比，新开卡顾客达标情况分析。③活动分析（赠品），促销活动占比。④竞争对手分析。
		2	下月工作计划（部门总体行动计划及重点工作计划安排）。
		3	近期销售政策颁布及回顾。
		4	需商品部改进或配合的关键点。
		5	需其他部门改进或配合的关键点。
		6	巡店问题及工作要求下达。
		7	卖场对公司、部门的建议。
		8	小型培训会（根据部门总体培训要求分解）。

7. 主持人及其协助人须提前 15~20 分钟到达场地作准备。

8. 每位同事都必须准时到达，积极参与，并做好笔记。

9. 设计 1~2 项游戏活动并安排专人演练熟悉。

每月例会的议程：

1. 形式上运用游戏可令同事更积极参与例会。

2. 先与同事一起回顾总结上月销售及人员的情况。

3. 公布本月计划及目标。

4. 引导同事互相分享工作心得与困难。

5. 区域经理对上月表现突出的同事进行颁奖。

例会后由区域经理与各店长及主持人总结此次会议的成效，制定下次会议计划。

卖场每日会议纪要

每次会议都需要有记录，以便会后落实事项的跟踪、跟进。卖场每日会议纪要见表 4-7。

表 4-7　卖场每日会议纪要

<table>
<tr><td colspan="2">年　月　日　星期　天气　温度</td></tr>
<tr><td colspan="2">一、昨天的总结</td></tr>
<tr><td>1. 目标</td><td>2. 实际的完成额：　其中现金：　现金券：
信用卡：</td></tr>
<tr><td colspan="2">3. 日目标的达标率：</td></tr>
<tr><td colspan="2">4. 目标达成的总体原因分析：</td></tr>
<tr><td colspan="2">5.KPI 的达成：</td></tr>
<tr><td>附加值：</td><td>目标　/达成　/达成率</td></tr>
<tr><td>客单价：</td><td>目标　/达成　/达成率</td></tr>
<tr><td>VIP 销售占比：</td><td>目标　/达成　/达成率</td></tr>
<tr><td>新增的 VIP 人数：</td><td>目标　/达成　/达成率</td></tr>
<tr><td rowspan="2">6. 昨天个人销售的排名：</td><td>最高达成率：　导购　/目标达成率</td></tr>
<tr><td>最低达成率：　导购　/目标达成率</td></tr>
<tr><td colspan="2">7. 昨天卖场营运方面（卖场作业流程及服务标准）做得相对较好的地方：</td></tr>
<tr><td colspan="2">8. 昨天卖场营运方面做得相对欠佳，需要进一步改善的地方：</td></tr>
<tr><td colspan="2">9. 突发事件的处理：</td></tr>
<tr><td colspan="2">二、今天的计划</td></tr>
<tr><td>1. 目标：</td><td>2. 主要的商品推广内容：</td></tr>
<tr><td colspan="2">3. 主要的 VIP 方面的推广：</td></tr>
</table>

续表 4–7

<table>
<tr><td colspan="2">年　　月　　日　　　星期　　　天气　　　温度</td></tr>
<tr><td colspan="2">4. 卖场营运方面（卖场作业流程 / 服务标准）的重点：</td></tr>
<tr><td colspan="2">5. 今天的 KPI 目标：</td></tr>
<tr><td>附加值：</td><td>客单价：</td></tr>
<tr><td>VIP 销售占比：</td><td>新增的 VIP 人数：</td></tr>
<tr><td colspan="2">三、早晚班的工作交接记录</td></tr>
<tr><td colspan="2">1. 公司及商场重要文件的交接：</td></tr>
<tr><td colspan="2">2. 货品进出的交接：</td></tr>
<tr><td colspan="2">3. 货款的交接：</td></tr>
<tr><td colspan="2">4. 次品、返修品、维修品的交接：</td></tr>
<tr><td colspan="2">5. 卖场内导购的交接：</td></tr>
<tr><td colspan="2">6. 其他：</td></tr>
<tr><td colspan="2">四、区域经理、公司其他同事巡店备注</td></tr>
<tr><td colspan="2">×× 卖场作业流程及服务标准的执行效果：</td></tr>
<tr><td colspan="2">×× 货品的陈列是否跟进？有何更好的改进意见？</td></tr>
<tr><td colspan="2">×× 卖场形象及推广物料的陈列效果是否跟进？有何更好的改进意见？</td></tr>
<tr><td colspan="2">同事传阅签名：</td></tr>
</table>

卖场例会跟进管理表

每次例会后都要有跟进，否则，会议开完后就没有效果，白白浪费了时间。卖场例会跟进管理表如 4-8 所示。

表 4-8　卖场例会跟进表

<table>
<tr><td>卖场</td><td></td><td>会议日期</td><td></td><td>主持人</td><td></td></tr>
<tr><td colspan="6">业绩回顾</td></tr>
<tr><td>昨天销售额</td><td></td><td>昨天附加值</td><td></td><td>昨天
客单价</td><td></td></tr>
<tr><td>昨天新开 VIP 数</td><td></td><td>本周累计
销售额</td><td></td><td>本月
完成率</td><td></td></tr>
<tr><td>昨天赞赏点</td><td colspan="5"></td></tr>
<tr><td>昨天提升点</td><td colspan="5"></td></tr>
<tr><td colspan="6">当天业绩</td></tr>
<tr><td>销售目标</td><td></td><td>附加值目标</td><td></td><td>客单价
目标</td><td></td></tr>
<tr><td colspan="6">个人目标</td></tr>
<tr><td>姓名</td><td>销售目标</td><td>姓名</td><td>销售目标</td><td>姓名</td><td>销售目标</td></tr>
<tr><td></td><td></td><td></td><td></td><td></td><td></td></tr>
<tr><td></td><td></td><td></td><td></td><td></td><td></td></tr>
<tr><td colspan="6">重点推荐</td></tr>
<tr><td>主推款式（型号）</td><td>库存量</td><td colspan="2">卖场位置</td><td colspan="2">销售卖点</td></tr>
<tr><td></td><td></td><td colspan="2"></td><td></td><td></td></tr>
<tr><td colspan="6">运作安排及注意事项</td></tr>
<tr><td colspan="6"></td></tr>
<tr><td colspan="6">记录备注</td></tr>
<tr><td colspan="6"></td></tr>
</table>

附件

导读

附件一：晨会话题案例
附件二：晨会故事案例
附件三：晨会游戏案例
附件四：主持人演讲稿内容示例

附件一：晨会话题案例

话题1：做事要有计划性

引出话题

马和驴子是好朋友，马在外面拉东西，驴子在屋里推磨。后来，马被玄奘大师选中，前往印度取经。17年后，这匹马驮着佛经回到长安，功德圆满。驴子这时还在磨坊里推磨，默默无闻。驴子很羡慕马："你真厉害呀！那么遥远的道路，我连想都不敢想。"马说："其实，我们跨过的距离是大体相等的，只是我是向前走，而你是原地打转而已。"

分析话题

故事中的驴子和马代表了现实生活中的两种人：没有计划的人和有计划的人。芸芸众生中，真正的天才与白痴都是极少数，绝大多数人的智力都相差不多。然而，这些人在走过漫长的人生之路后，有的功盖天下，有的却碌碌无为。这本是智力相近的一群人，为何他们的成就却有天壤之别呢？卡耐基的一份调查或许能够说明问题。杰出人士与平庸之辈最根本的差别，并不在于天赋，也不在于机遇，而在于有无计划！

有了计划，我们就能向马一样，不停地往前走，最终达到自己的目标。一旦缺失了计划，就像驴子一样，一辈子在一个地方打转，毫无成效可言。在职场之上同样如此，只有你有自己的计划，才能在日复一日的工作当中积累经验。否则，岁月的流逝只意味着年龄的增长，平庸得只能日复一日地重复自己。这就是很多人为什么工作几年了，却始终没有获得提拔、晋升的原因之一，因为他们虽然工作时间不短了，但做事没有计划，能力始终没有得到提高。相反，有些人虽然刚工作不久，但是懂得给自己制定计划，懂得根据计划积累经验，能力很快就能提高，成功的机会也就随之降临。

结束话题

工作计划的重要性很多人都知道，但具体到现实工作当中，却很少有人真正给自己制定计划的，制定计划成了一种空话。那么，这样做对谁最不利呢？首先是员工自己，他让自己变成了磨坊里的驴子，虽然一辈子都在劳碌，但毫无成就可言。其次是企业、公司，员工没有发展，那么，公司也就不能发展。不过话又说回来，一个聪明的老板只会留住“向前奔跑的马”，而不会留住“原地打转的驴子”，所以，最终受伤害的不是公司，而是员工自己。

话题启示

不具备计划性的工作表现：

（1）做事情没有目标性。

（2）总是需要有人指挥。

（3）盲目行动。

（4）不分轻重缓急。

（5）经常做重复性的工作。

话题2：善于自我提醒

引出话题

有个老太太坐在马路边望着不远处的一堵高墙，总觉得它马上就会倒塌，见有人向它走过去，她就善意地提醒道："那堵墙要倒了，远着点走吧。"被提醒的人不解地看着她大模大样地顺着墙根走过去了——那堵墙没有倒。老太太很生气："怎么不听我的话呢？"又有人走来，老太太又予以劝告，还是没有人听。三天过去了，许多人在墙边走过去，并没有遇上危险。第四天，老太太感到有些奇怪，又有些失望，不由自主便走到墙根下仔细观看。然而，就在此时，墙真的倒了，老太太被掩埋在灰尘砖石中，气绝身亡。

分析话题

老太太明知道墙要倒，提醒别人要小心注意，但自己却走到墙脚底下去看，最终因为墙真的倒塌而被埋在里面。看到这里，我们不免惋惜这位老太太，既然知道有危险，干吗自己还要去呢？其实，原因很简单，对于别人的危险，她很清醒；但对于自己的危险，她却未必清醒。其实，在现代职场之上，像老太太这样的员工并不少，他们总是提醒别人这个要注意，那个要小心，但轮到自己去做这些事情的时候却从不知道注意小心，以至于在阴沟里翻船。

我们都知道"当局者迷，旁观者清"这句话，把这句话放在很多员工的身上同样适用。那些在阴沟里翻船的员工正是那些处在"当局者迷"的境地之中。对于别人来说，他们是"旁观者"，把一切都看得清清楚楚；但对于自己的来说，则是"当局者"，什么都看不到，处于迷阵之中。所以，和故事中的老太太一样，提醒别人别被危墙压倒，而自己却死在倒塌的危墙之下。

结束话题

提醒别人时往往很容易，很清醒，但能做到时刻清醒地提醒自己却很难。所以说，在职场之上，我们遇到危险的时候，不仅要提醒别人小心，而且也要提醒自己注意，别因为只顾着看别人的脚步，而忘记了自己脚底下的石头，以至于被绊倒，摔一个大跟头。从这个角度来说，提醒别人和自我提醒一样重要。

话题启示

善于自我提醒的表现：

（1）经常自我反省。

（2）随时改正自己的错误。

（3）自控能力很强。

（4）善于从别人的错误中看到自己的不足。

（5）在和别人的比较中改善自己。

话题3：勇于面对失败——杜根定律

引出话题

在所有的成功素质当中，人的自信心是最不可缺乏的，没有自信，便没有成功。为此，美国职业橄榄球联会前主席D·杜根提出：强者不一定是胜利者，但胜利迟早都属于有信心的人。这就是著名的“杜根定律”。

分析话题

职场之中，因为竞争的激烈，我们难免要面临失败。在失败的情况之下，我们该如何去做？有的员工选择了坚强，越挫越勇；而有的员工则选择了自责，甚至自卑，最终失去了自信心。我们都知道，一个缺乏自信的员工终将会被职场中的其他员工所淘汰。在这些员工的心目中，成功是遥不可及的，在他和成功之间，有一条无法跨越的鸿沟。毫无疑问，这条鸿沟是这些员工自己设置的，是一条内心的鸿沟，除非这些员工增强自信心，否则，成功真的是遥不可及了。

结束话题

无论什么时候，我们都应该充满自信。只有你自信，有毅力，才有可能尝到成功的喜悦。无论我们现在面对的局面是成功还是失败，我们都要明白一点：任何人的一生，都不可能是一帆风顺的，谁都要经历风风雨雨，如果你轻易被一次或者几次失败打败，那么，你就真的再也站不起来了。

话题启示

缺乏自信的表现：

（1）总是自我否定。

（2）害怕失败，不敢主动争取机会。

（3）遇到挫折就打退堂鼓。

（4）轻言放弃。

（5）心态消极。

话题 4：锻炼抗压能力——情绪飞机

引出话题

有个朋友在公司里的人缘很好，他性情温和、待人友善，几乎没人看他生气过。有一次我经过他家，顺道去看看他，却发现他正在顶楼上对着天上飞过来的飞机吼叫，我好奇地问他原因。他说："我住的地方靠近机场，每当飞机起落时都会听到巨大的噪音。后来，当我心情不好或是受了委屈、遇到挫折，想要发脾气时，我就会跑上顶楼，等待飞机飞过，然后对着飞机放声大吼。等飞机飞走了，我的不快、怨气也被飞机一并带走了！"

分析话题

面对工作上各种各样的问题，每个人都会产生压力。但是，为什么有的人总是表现得没有压力，而有的人总表现得压力十足的样子呢？关键不是第一种人没有压力，而是他们懂得释放自己的压力，懂得通过各种各样的途径来宣泄自己的压力。

职场上的压力就好比是杯子里的水，有的人只知道不断地往里面倒，却不知道往外倒，最后压力就不自觉地"溢"了出来，这就是我们常见的暴脾气、坏情绪。而有的人则会在合适的时候往外发泄情绪，把"杯子"清空，那么，下一次再遇到压力的时候就不会表露出来了。也正因为如此，他们总是给人一种快乐、轻松的样子。

结束话题

宣泄情绪、压力的方法有很多，比如可以通过向他人倾述、倾听音乐、运动等。当然，每个人所适用的方法不一样，只有根据自己的个性、性格、爱好来选择适合自己的方式方法，才能达到"清空"压力的目的。

话题启示

常见情绪宣泄的方法：

（1）长跑，让自己疲惫。

（2）拳击，把所有不快都发泄在沙袋上。

（3）听音乐，用音符洗涤心灵。

（4）旅游，改变环境。

（5）倾述，把情绪说出来，而不是埋在心底。

话题5：加强团队意识——猴子取食

引出话题

美国加利福尼亚大学的学者做了这样一个实验：把6只猴子分别关在3间空房子里，每间两只，房子里分别放着一定数量的食物，但放的位置高度不一样。第一间房子的食物就放在地上，第二间房子的食物分别从易到难悬挂在不同高度的适当位置上，第三间房子的食物悬挂在房顶。数日后，他们发现第一间房子的猴子一死一伤，伤的缺了耳朵、断了腿，奄奄一息。第三间房子的猴子也死了。只有第二间房子的猴子活得好好的。

分析话题

为什么第一间房子和第三间房子的猴子非死即伤呢？究其原因，第一间房子的两只猴子一进房间就看到了地上的食物，于是，为了争夺唾手可得的食物而大动干戈，结果伤的伤、死的死。第三间房子的猴子虽做了努力，但因食物太高，难度过大，够不着，被活活饿死了。只有第二间房子的两只猴子先是各自凭着自己的本能蹦跳取食，最后，随着悬挂食物高度的增加，难度增大，两只猴子只有协作才能取得食物，于是，一只猴子托起另一只猴子跳起取食。这样，每天都能取得够吃的食物，很好地活了下来。由此，我们可以获得一个启示：任何一个团队中的成员，只有相互依存、相互合作，才能够共渡难关。或许在某些方面，我们有一些过人之处，但仅仅凭借这些过人之处就可以勇往直前了吗？很难说。我们只有将大家的优势整合在一起，才能获得生存。比如第二个房间的猴子，其中一个力气大，另外一个则手臂长，单凭其中任何一个，都不可能够到食物，只有它们相互配合，才能获得食物并生存下来。

结束话题

竞争和合作是两个相对的概念，竞争者和合作者也是两个相对的角色。在当今这个社会，团队之间两个人的关系转变得非常迅速，说不定今天是竞争关系，到了明天就是合作关系，到了后天，又什么关系都没有。但是，无论是什么关系,都有一个共同的目的:生存。任何关系都应该围绕着这个展开。

话题启示

相互依存的表现：

（1）成员之间相互依靠。

（2）能力优势互补。

（3）为同一个目标努力。

（4）为完成目标相互配合。

（5）在困难面前相互配合。

附件二：晨会故事案例

故事1：养成良好的心态——爬墙的蜘蛛

雨后，一只蜘蛛艰难地向墙上已经支离破碎的网爬去，由于墙壁潮湿，它爬到一定的高度就会掉下来，它一次次地向上爬，一次次地又掉下来……

第一个人看到了,叹了一口气,自言自语:“我的一生不正如这只蜘蛛吗?忙忙碌碌而无所得。”于是，他日渐消沉。

第二个人看到了，他说:“这只蜘蛛真愚蠢，为什么不从旁边干燥的地方绕一下爬上去？我以后可不能像它那样愚蠢。”于是，他变得聪明起来。

第三个人看到了，他立刻被蜘蛛屡败屡战的精神感动了。于是，他变得坚强起来。

故事启示

同样一只蜘蛛、同样一个场景，不同的三个人看了有了三种不同的心态，从而有了三种不同的结果。很多人都觉得成功和失败最大的区别就是起点不同，成功者起点高，而失败者起点低。那么，事实是不是如此呢？很显然不是。很多时候，成功者和失败者是站在同样一条起跑线上的，只不过成功者以积极的心态跑完了全程，而失败者以悲观的心态跑完全程，甚至半途而废。

由此可见，很多失败者其实是具备成功条件的，只是他们没有把握、珍惜而已。从中我们可以得到一个启示：面对自己的失败，我们不要抱怨自己命运不好，不要抱怨自己没有机会，而应该从改变自己的心态入手，让自己变得积极主动起来。要知道，心态就是前进的动力，一旦失去动力，那么，再好的机会对你也是没有用的。

故事2：寻找机会——三只青蛙

一天，一个牧人把刚挤的一桶鲜奶放在墙下，墙上有三只小青蛙在打闹，一不小心就全部掉进了奶桶里。就这样，三只小青蛙游也游不动，跳也跳不出。

第一只青蛙说："难怪今天早上眼皮一直跳呢，原来是预示着这一刻，好端端的掉进牛奶里，我怎么这么命苦啊！"然后，它就漂在那等待死神带它走，一动不动。

第二只青蛙在牛奶里试着挣扎了几下，感觉这一切都是徒劳，便绝望地说："我看今天是死定了，那还不如死个痛快呢！"于是，它便一头扎进牛奶深处，自己淹死了。

第三只青蛙什么都没说，他只是拼命地蹬后腿。

第一只青蛙劝第三只青蛙："算了吧，不要做无用功了，这么深的牛奶桶，再怎么样你都出不去的！"

第三只青蛙依然拼命地蹬，说："也许能找到什么垫脚的东西呢！"

桶里只有滑滑的牛奶，根本没有什么可以支撑的东西，第三只小青蛙一脚踏空，两脚踏空。时间一分钟一分钟过去，小青蛙几乎想放弃了，但本能的求生欲望支持着它一次又一次地蹬起后腿。它感到牛奶越来越稠，越来越难以游动……

最后，奇迹出现了，它们下面的牛奶慢慢硬起来了。原来，牛奶在第三只青蛙拼命的搅拌下，已经变成了奶油块。第一只小青蛙看到了这一点，兴奋地叫起来；这时候第三只小青蛙已经差不多筋疲力尽了，不过，它们还是奋力一跳，跳出了奶桶，终于成功逃生。但是，第二只青蛙却留在了桶里——它自己把自己淹死了。

故事启示

相信每个人都有过类似掉进奶桶的经历吧，希望是那么渺茫，甚至不想活了。如果不是第三只青蛙的努力，大家只有一起死，但因为它坚持了、努力了，连同等死的同伴也因它获救。想想，若大多数人是第一只青蛙，有什么理由不服从第三只青蛙，拜它为王呢？

故事3：增强自身活力——温水煮青蛙

在19世纪末，美国康乃尔大学做过一次有名的青蛙实验。他们把一只青蛙冷不防地丢进势必能把其烫熟的油锅里，就在这生死攸关的时刻，青蛙竟然一下就跃出了沸腾的油锅，安全逃生了！之后，他们用同一个锅，装一锅冷水，然后把那只死里逃生的青蛙放到装有冷水的锅里，慢慢地煮。一开始，青蛙只是悠然地享受水里的“温暖”，只是等到它感觉到那“温暖”已经承受不了的时候，想奋力跳出锅，却发现为时已晚，欲跃乏力。最后，青蛙终于葬身在“温暖”的锅里。

故事启示

人切忌在浑浑噩噩中度日，更不可躲避在暂时的安逸中，必须时刻居安思危，如果对环境变化没有高度警觉，那么，最终会面临和这只青蛙一样的下场。

故事4：完善工作内容——黄线与光环

年轻的修女进入修道院以后一直从事织挂毯的工作，但做了几个星期之后她再也不愿意干这份工作了。她感叹道：“给我的指示简直不知所云，我一直在用鲜黄色的丝线编织，却突然又要我打结，把线剪断。这份工作完全没有意义，真是在浪费生命。”这时，她身边正在织毯的老修女却对她说：“孩子，你的工作并没有浪费时间，虽然你织的是很小的一部分，但却是非常重要的一部分。”随后，老修女带着年轻修女走到工作室里，将年轻修女先前所织的挂毯摊开在她的面前。看到挂毯后，年轻的修女呆住了。原来，她们编织的是《三王来朝》图，而黄线织出的那一部分则是圣婴头上的光环。她没想到，在她看来不值得做的工作竟是这么伟大。

年轻的修女在刚开始的时候之所以不想继续做这份工作，很大一部分原因是她还不了解自己工作的重要性，把自己的工作和整体的工作分割开来，从而无法从整体的角度去看待自己的工作。对于她来说，所做的工作无非就是用黄色的丝线打结，然后剪短，既乏味又无聊。但是，对于整体的工作来说，这些黄色的丝线就是圣婴头上的光环，不仅不是无聊、乏味的，而且还是光荣、有意义的。

故事启示

同样的一件事情，从不同的角度去看会有不同的意义。这个故事的启示对于现实工作中的我们来说是非常有用的。很多时候，我们之所以抱怨、不喜欢甚至抗拒自己的工作原因就是我们不知道工作的重要性。或许从表面上看，我们仅仅是在准备一份文件，或者仅仅是为客户端一杯咖啡，但是，如果我们从整体上去看，这可能是为公司创造利益中最为重要的一环。文件没有准备好，谈判可能就不会取得成功；如果没有你端给客户的一杯咖啡，可能客户对公司的整体印象就会下降，从而取消合作的意向。由此可见，要想把工作真正落到实处，我们就必须学会一点：从整体的角度来看待我们的工作。

故事5：培养成功的特质——冰封的小鱼

渤海口有一条小鱼，它下定决心要一路游到长江的源头。于是，它逆向而行，这条小鱼泳技精湛，一会儿冲过浅滩，一会儿划过激流，穿过了层层渔网，躲过水鸟的追踪。好不容易游到了源头，可它还来不及喘口气呢，刹那间，被冻成了冰！一万年后，一群登山队员在长江源头的冰封中发现了它。立刻有人认出了这是产于渤海口的鱼。一位年轻人赞道：“真是一只勇敢的鱼啊！穿越千山万水来到一个截然不同的环境，了不起！”一位老者却说：

“不！它只有伟大的精神，却没有伟大的方向，所以，只能换来死亡。”

故事启示

说到底，这条勇敢的小鱼还是没有成功，不仅如此，而且还失去了自己的生命。小鱼的不成功并不是自己不勇敢，也不是不具备成功的潜质，而是不懂得选择成功的方向。就如老者所说的那样：“它只有伟大的精神，却没有伟大的方向，所以，只能换来死亡。”从中我们可以获得这样一个启发：成功，除了“努力”以外，更需要“方向”，要选择适合自己走的路。从这个角度去看，选择适合自己走的路的能力也是一种成功的特质。

在我们身边，总是有很多人在不断地换环境、换工作或是拼命地劳碌奔波，但成功似乎还是离他们很远，甚至连成功的影子都没有见到。原因何在呢？原因就在于这些人只知道去努力，却没有去选择努力的方向，以至于出现了“南辕北辙”的错误。记住，没有正确方向的努力只会让你离成功越来越远，没有方向的行动只是盲目的行动，也只会让你成为一个“盲干”之人。

附件三：晨会游戏案例

游戏1：团队目标游戏——目标决定距离

一、游戏目的

1. 让学员明白设定目标的重要性。

2. 让学员发掘出自己的潜能，挑战自己。

二、游戏内容

1. 游戏人数：5人以上。

2. 游戏时间：5~12分钟。

3. 游戏场地：平坦的场地。

4. 游戏用具：一根长约五米的绳子。

5. 游戏步骤：

（1）将店员按身高、体重、性别分成实力相当的甲、乙两组。

（2）在地面上将绳子拉直，要求学员在距离绳子 50 厘米左右站立。

（3）所有店员下蹲，用手紧握脚踝，以此姿势向前跳，规定只能跳一次。

（4）对甲组店员向前跳跃的距离不做任何规定。

（5）要求乙组店员必须跳过地面上的这根绳子。

三、游戏思考

1. 观察一下两组跳跃的平均距离有什么差距，为什么会有差距？

2. 讨论设定合适的挑战性目标对团队的发展有什么好处。

四、游戏语录

1. 管理者应该为团队成员设立团队目标，通过目标管理和驱动使团队成员能够完成任务。

2. 团队应该有一个既定目标，为团队成员指明方向，让他们知道要向何处去。缺乏目标，团队就失去了存在的价值。

游戏 2：角色认知游戏——换角度了解自己

一、游戏目的

通过本游戏，使学员更好地了解他人对自己的看法，从另一角度认识自己。

二、游戏内容

1. 游戏人数：10~15 人。

2. 游戏时间：15 分钟。

3. 游戏场地：宽敞室内。

4. 游戏用具：每人一张印象卡。

5. 游戏步骤：

（1）每个小组围成一圈。

（2）主持人发给每个人一张印象卡。

（3）每个学员将自己的姓名写在印象卡上，并画出自我印象的代表图画。

（4）将印象卡交给坐在自己右边的一位学员，这样，每人拿着的就是另一学员的卡。

（5）拿到别人的印象卡后，请在 4 个方格内任选一格，填上自己对留名人培训全程中的印象或一句积极肯定的评语。

（6）将填完的卡交给另一个人，如此类推。

（7）将填满的卡片交回给主持人。

（8）主持人收集齐所有卡后，再发回留名人本人，给大家两分钟时间看卡，然后展开讨论。

三、游戏思考

1．请每位学员说出别人对你的印象及自己对自己的印象，看看之间有什么差别。

2．当看到别人对自己的印象时，是否会诧异？为什么会诧异？

四、游戏语录

每个人都要全面认识自己的角色，只有彻底地对自己有所了解才能在团队中找准位置。

游戏 3：团队沟通游戏——地雷战

一、游戏目的

1．建立小组成员间的相互信任。

2．促进沟通与交流。

3．使小组充满活力。

二、游戏内容

1．游戏人数：至少 12 人，越多越好，但必须是偶数。

2．游戏时间：15 ~ 30 分钟。

3．游戏场地：不限。

4．游戏用具：两人一对，每对参赛者一块蒙眼布；两根约十米长的绳子；一些报纸，使用对角线约六十厘米的硬纸板、胶合板代替也可，用来代表游戏中的“地雷”。

5．游戏步骤：

（1）选一块宽阔平整的游戏场地。

（2）安排不想参加游戏的人做监护员。当参加游戏的人较多时，游戏场地会变得非常喧闹。这是一个有利因素，因为这会使穿越地雷阵的人无所适从，难以分清听到的指令是来自自己的同伴，还是来自其他小组的人。

（3）让每个队员找一个搭档。

（4）给每对搭档发一块蒙眼布，每对搭档中有一个人要蒙上眼睛。

（5）眼睛都蒙好之后，就可以开始布置地雷阵了。把两根绳子平行放在地上，绳距约为十米。这两根绳子标志着地雷阵的起点和终点。

（6）在两绳之间尽量多地铺上一些报纸或是硬纸板、胶合板等（代表地雷）。

（7）被蒙上了眼睛的队员在同伴的牵引下，走到地雷阵的起点处，挨着起点站好。他的同伴后退到他身后两米处。

（8）主持人做情景介绍：几天前，你和你的同伴因叛乱而被捕，被一起关在一间牢房里。黎明前，你的同伴侥幸逃了出去。可糟糕的是，他非常不熟悉牢房外面的情况。这是一个没有月亮的夜晚，外面一片漆黑，伸手不见五指。为了逃离危险，你的同伴必须穿过一个地雷阵。你很清楚地雷阵的布局和每个地雷的位置。可是你的同伴不知道，你需要以喊话的方式，在他穿越的时候为他指引方向。如果你的同伴在穿越的过程中碰到或撞到了地雷阵中的其他人，他必须静止 30 秒后方可移动。如果他不小心碰了“地雷”，那么，一切就都结束了，你们小组将被淘汰出局。天很快就要亮了，你的同伴必须尽快穿过地雷阵。一旦天亮，哨兵就会发现地雷阵中的人，并开枪将他们击毙。赶快开始行动吧！祝你们好运！

三、游戏思考

1. 哪个小组率先通过了地雷阵？

2. 做完了这个游戏，大家感受如何？

3. 你的同伴能做到指令清晰吗？

4. 游戏过程中遇到了什么问题?

5. 如何将这个游戏和我们的实际工作联系起来？

四、游戏语录

1. 同时下达多个指令会让执行者茫然无措，造成局面混乱，只有保持指令清晰，才能提高执行者的行为效率。

2. 沟通的效果取决于表达、倾听和相互之间的理解。

游戏 4：提高与客户沟通能力游戏——“狗仔队”

一、游戏目的

1. 让学员学会与顾客初次沟通。

2. 让学员学会有层次地进行交谈。

二、游戏内容

1. 游戏人数：20 人。

2. 游戏时间：20 分钟。

3. 游戏场地：室内。

4. 游戏用具：无。

5. 游戏步骤：

（1）将所有人进行分组，每组两人。

（2）主持人提问：在小组里谁愿意做 A？

（3）剩下的人为 B。

（4）主持人说：选 A 的人代表八卦杂志的记者，俗称“狗仔队”，代表 B 的是被采访的明星，A 可以问 B 任何问题，B 必须说真话，也可以不回答，时间三分钟，不可以用笔记。

（5）主持人介绍谈话层次技巧：该游戏可用于沟通游戏当中，主要说明的是与陌生人进行交往的一些知识。例如，我们将谈话的内容分为几个层次，第一层的谈话是对客观环境的交谈，比如谈天气、谈股市；第二层就是一些谈话者自身的一些话题，比如交谈社会角色的话题，例如“你的家庭状况如何”、“你是哪里人呀”等问题；第三层就更深一层，会谈到个人隐私部分等比较敏感的话题，比如对金钱的态度等；最后一层则是个人内心的真实世界，比如道德观、价值观等。不同层次的话题适合不同的场合和谈话对象，层次越高，双方的沟通和相互信任越能体现出来。

（6）采访进行三分钟后角色互换。

三、游戏思考

1. 你询问的问题富有层次感吗？

2. 你的询问能否获得有效的潜藏信息?

四、游戏语录

1. 面向顾客时，销售人员的沟通能力很重要，就是要懂得循序渐进地将顾客心理的保护屏障一层层剥掉，从而使顾客建立起对销售人员的信任，最终促使交易成功。

2. 要迅速建立与客户的关系，销售人员就要对谈话的内容进行逻辑性和层次性的设计，由深入浅、由表及里，以便逐步获得客户的认同。

游戏5：行为激励游戏——激励演讲

一、游戏目的

1. 让学员学会行为激励。

2. 让学员学会自身行为激励。

二、游戏内容

1. 游戏人数：40人。

2. 游戏时间：1小时。

3. 游戏场地：室内。

4. 游戏用具：主持人演讲稿。

5. 游戏步骤：

(1) 将学员分成几组，聆听主持人的讲话。

(2) 主持人将演讲稿的内容介绍给大家。

(3) 让各小组根据主持人演讲稿的内容进行讨论，并谈谈自身的启发。

三、游戏思考

1. 主持人的演讲内容对你有着怎样的现实意义?

2. 自己能否从中感受到激励?

四、游戏语录

1. 身教重于言传，一个人良好的行为习惯是对自己及他人的一种无声的激励，可以有效地发挥个人的主观能动性。

2. 一个有着消极想法和不良习惯的人是无法对自己进行激励的。

附件四：主持人演讲稿内容示例

关于立刻行动

每一天对我来说都是个成功日，因为我对该做的事情将毫不拖延，立刻行动。

如果我把每一天该做的事情拖延下去，那么，我就会感到焦虑；我会对应该做的事情产生畏难情绪，从而不想去做；我会感到心情沉重，不胜负担。最经常的情况是拖延工作，甚至放弃行动。

只有去做才可能赢得成功。而我“立刻行动”，所以，每一天对我来说是成功日。

如果我培养了“立刻行动”的习惯，那不仅是每一天，而且明天、后天……对我来说都将是成功之日。

我的箴言

每一天快乐都将伴随着我，因为各种箴言在生活中积极地指引着我。我将以自己希望别人对待我的那种方式去对待每一个人。我希望别人每一天都愉快，这比我自己是否感到快乐更重要。

我将只注意我所遇到的人的积极方面。我将看到他们的优点而不是缺点，因为我知道任何人都不可能十全十美。自然，我也不例外。

我将真诚地把赞美之词献给每一个人，因为人人都希望自己受到别人的赞赏，希望体现出自己在这个世界里的存在价值。

我将不随意地批评别人，以避免别人觉得我是高人一等或者比他们优越。

我将友善地对待每一天遇到的每一个人。称赞他们，尊敬他们。我不以这样做作为索取别人的条件，如果我反过来要求别人的奖励、报偿和赞赏，那么，我这样做的本身就失去了意义。

每一天，箴言将在生活中指引着我……我将像希望别人对待我那样去对待别人。

关于毅力

由于我没有毅力，由于我没有坚持下去，由于我在疲倦或受挫时逃避现实——由于这些原因．我没有完成我想完成的事情。

毅力告诉我，无论我在尝试完成自己的目标时失败或受挫了多少次，我都必须坚持做下去。使自己的目标变成现实是极为重要的，即使它要花很长时间，即使成功前我要经历无数次失败和挫折，这些都不能阻止我的进取心。

毅力允许我一次只做一件事，不强求自己一蹴而就。因为急功好利会使人神经质、焦虑、紧张和待人粗暴。毅力要求我完成一项工作后再进行另一项。

我将不再泄气，不做逃兵，不再态度粗暴。如果此路不通，我会试着走另一条路，做新的尝试。

我将有毅力，我将坚持，我将成功。

积极的心态

我的思想是我生活的一部分，完全受我的控制。也就是说，对于哪些思想可以进入我的头脑，我有自由筛选的权力。但是，我也知道，不管我的头脑里存在什么样的思想，别人是捉摸不到的，只有通过我的行动、我的态度和我对别人、对自己的看法才能表现出来。

每一天，我的行为、我的态度和我的看法都将是积极的。因为我只允许积极的思想进入我的头脑。这种积极的心态将帮助我针对自己面临的各种困难去发现积极的解决方法。

每一天，我将不会为自己找任何借口来逃避困难，我将不再消极。

每一天,我将极力不去想那些消极的词。比如“不可能”、“不想工作”、“我不具备条件”、“没有希望”以及“如果失败了会怎么样”等字词不会出现在我的脑海中，因为这些词语只会使我知难而退、丧失信心。

每一天，对我来说都是美好的日子，我将努力使每一天变得美好，我将保持积极的心态。